图像里的古埃及

古埃及生活简史

〔英〕海伦·斯特拉德威克 总编辑

刘雪婷 谭琪 等译

上海科学技术文献出版社
Shanghai Scientific and Technological Literature Press

图书在版编目（CIP）数据

古埃及生活简史 /（英）海伦·斯特拉德威克总编辑；刘雪婷等译 . —上海：上海科学技术文献出版社，2021（2022.9 重印）
（图像里的古埃及）
ISBN 978-7-5439-8232-1

Ⅰ. ①古… Ⅱ. ①海… ②刘… Ⅲ. ①社会生活—历史—埃及—古代—通俗读物 Ⅳ. ① K411.2-49

中国版本图书馆 CIP 数据核字（2020）第 239183 号

Encyclopedia of Ancient Egypt

Copyright © De Agostini UK Ltd
Copyright in the Chinese language translation (simplified character rights only) © 2020 Shanghai Scientific and Technological Literature Press

This translation of the series of five titles based on Encyclopedia of Ancient Egypt first published in 2020 is published by arrangement with Amber Books Ltd.'

版权所有，翻印必究
图字：09-2020-963

策划编辑：张　树
责任编辑：苏密娅
封面设计：樱　桃

古埃及生活简史
GU'AIJI SHENGHUO JIANSHI
[英]海伦·斯特拉德威克　总编辑　刘雪婷　谭　琪　等译
出版发行：上海科学技术文献出版社
地　　址：上海市长乐路 746 号
邮政编码：200040
经　　销：全国新华书店
印　　刷：常熟市文化印刷有限公司
开　　本：720mm×1000mm　1/16
印　　张：10.75
版　　次：2021 年 1 月第 1 版　2022 年 9 月第 2 次印刷
书　　号：ISBN 978-7-5439-8232-1
定　　价：58.00 元
http://www.sstlp.com

目录
CONTENTS

序	2
古埃及的儿童	4
儿童的教育	10
婚姻	16
古埃及的房屋	23
城镇生活	31
埃及社会	37
神法和民间的法律	44
女人的地位	51
服饰和时尚	59
化妆品和香水	67
卫生保健	74
金匠和宝石匠	82
书吏	86
工人和管理人员	90

土地的回馈	94
动物饲养	102
牲畜屠宰	111
葡萄酒和红酒	119
啤酒酿造	127
打猎	135
生活中的音乐	144
沙漠绿洲中的生活	149
战车	158
附：古埃及历史年表	165

序

古埃及人通常把房屋建造在庄稼地里。尼罗河的洪水每年都会把这些土地淹没，使庄稼遭受严重损失，再加上人类对土地的过度耕种，这一切都说明古埃及的许多地方并不适合居住。

正因为如此，我们现在所掌握的许多有关古埃及人的生活资料都是从碑文中获得的。比如，我们可以从墓碑的雕饰中了解古埃及人种植和收获庄稼的方式；从随葬品中了解当时的家具、陶器、珠宝和织物等。从发掘的物品看，有些是为随葬专门制作的，这为后人了解古埃及人的生活提供了素材。

考古发现

我们可以从已经发现的古埃及人居住地中，充分了解当时的房屋设计、装饰和当时人们的食物种类。目前所发现的保存最好的两处遗址都是由法老阿肯纳顿（Akhenaten）建立的，它们是存续时间很短的首府城市阿肯塔顿和为建造底比斯（Thebes）帝王谷墓地的工匠们而设立的德尔麦迪那村（Deir el-Medina）。不少作品都提到德尔麦迪那村，我们可以通过这些描述清晰地绘出古埃及人的生活画面。

▼ 史前古物展示

滕蒂（Tenti）神父和妻子艾莫里特弗（Imeretef）的塑像，他们是人们理想中的夫妻形象。一把用洋槐木雕刻的装饰性梳子，一尊尚未完成的阿肯纳顿怀抱女儿的雕塑——类似这种很生活化的雕塑在已发现的王室雕塑中很少见

古埃及的儿童

在古埃及,孩子的地位是至关重要的,他们不仅要承担照顾年迈父母的责任,还要担当起祭祀祖先的重任。

现有的一些古代医学文稿和其他一些资料中记录了古代妇女安全怀孕、顺利生产的祷文和咒语。有时她们也会祈祷神的帮助:青蛙女神赫卡特(Heket)是助产女神,河马女神塔瓦瑞特(Taweret)则为所有受孕妇女提供保护。典型的古埃及家庭通常有5个孩子,但是古埃及婴儿的死亡率相当高,有一半以上的孩子在未成年时便夭折了。

起名

在古埃及,父母在孩子一出生时就会为其起名,此名会伴其终生。名字通常都与新生儿出生后的第一反应有关,比如"微笑""聪明""快乐使者"等;或者以神的名字命名,以求得神的庇护,如"赫鲁斯"(Horus)或"玛特之女",或干脆就叫某一法老的名字。

当年轻母亲结束"产房"内为期两周的洁身仪式,返回原生活轨道时,她的生活重心就是养育孩子。如果母亲奶水不足,可以雇用乳母代为哺乳。社会地位高的妇女都喜欢雇用乳母。

▼ 玩耍中的儿童

古埃及墓穴中的壁画和浮雕上雕刻有儿童用于打发时间的各种游戏。这是一幅在贝尼哈桑(Beni Hasan)、编号为17的墓中壁画的复制品,画中两个扎着小辫、身穿长服的女孩,面对面地玩着各自手中的3个球

▼ 小男童雕像

从这尊小型人物雕像可以看出当时儿童的形象。雕像是一个裸体男孩，头上扎着侧边发辫，一个手指抠着下唇

圆形壶的圆把手标志此容器为药用壶

在古代，乳汁可以用来治疗眼疾、耳疾和皮肤病

▶ 母亲和婴儿

这个陶土罐的外观是一位母亲正在用乳汁喂养婴儿。同时，母亲用手抓着充满乳汁的右乳，这也说明了这个罐的用途，不仅可以盛装乳汁用以治疗某些疾病，还可以装用来催奶的油。这个陶土罐现藏于法国巴黎卢浮宫博物馆

◀ 现代埃及儿童

　　古埃及图画中的儿童通常都流露出快乐的表情，与当今因劳作、人口过剩和贫困而处境堪忧的现实大相径庭。尽管法律明文规定儿童有受教育的权利，但如今有相当多的埃及家庭负担不起子女上学的费用

▼ 农活

　　从这幅米努纳（Menuna）十八代王朝时期（公元前1550—前1295）古墓中的壁画可以看出，古埃及的儿童是参与田间劳动等日常工作的。图中的两个成年男子把满满一大网谷穗抬到打谷场，两个孩子在争抢最后几捆麦秸。农活通常由男人完成，而类似于编织、制酒等工作则由女人承担

孩子在4岁之前都是光着身子与同龄孩子和家畜玩耍。之后，富裕家庭就会把孩子送到离家最近的学校、庙宇等地，学习文学、数学、几何和医学。在学习这些课程的同时还要学习体操、游泳、伦理、礼仪，以及尊重长辈、遵守社会规范等礼节。

儿子和女儿

贫穷家庭中的男孩一般继承父亲的职业，当农民、雕塑家、画家、木匠或渔民等。无论富裕家庭还是贫穷家庭中的女孩，都会在家由母亲或奴仆照看。她们在家学习有关持家，以及传统女孩需要掌握的酿酒和纺织技艺和音乐舞蹈等。

从古王朝时期（公元前2686—前2181）起，男孩、女孩就都开始扎侧边发辫：一束长长的发辫垂在头的一侧。长到10至11岁，进入青春期时就要剪掉发辫。男孩通常在这个年龄还要行割礼这一成年仪式。女孩首次来月经就被视为成人，此后不久就会结婚，而男子通常要到20岁左右时才结婚。因为到了这个年龄，他们才掌握了养家糊口的技能。

▶ 墓中壁画

这幅古王朝时期的壁画画的是坐在椅子上的庄严的梅特里（Meteri）。他收到了儿子给他的用来净化、提神的香水。儿子一手握着瓶，一手抓着瓶盖，瓶盖向着父亲所在的方向开启，使父亲嗅到瓶中释放出的香气。画中儿子的形象要比父亲的形象小许多，这正是古埃及艺术的显著特征：孩子和社会地位低的人通常在画面中的比例要小于父母和社会地位高的人士

▶ **阿肯纳顿和他的孩子**

阿肯纳顿时代的一大特点就是贵族的私生活都在艺术作品中有所反映,许多浮雕内容都表现了阿肯纳顿(公元前1352—前1336年在位)与他的子女的亲密关系。这个雕像表现的是阿肯纳顿正在亲吻坐在他大腿上的女儿,但石灰石上的一些雕刻细部已无法辨认,这使后人再也无法复原雕像的初始状态。连接两人脸部的石头很有可能是在后来加上的

阿肯纳顿慈爱地抱着坐在腿上的女儿

从雕塑的表面纹理看,这两个人物尚未雕刻完工

◀ 乳母

这幅彩色壁画描绘了阿蒙霍特普二世（Amenhotep II，公元前1427—前1400年在位）坐在乳母阿门奈莫皮特（Amenemopet）腿上的情形。她的儿子可纳蒙（Kenamun）是法老的奶兄弟，很可能他们二人是一起被乳母养大的，长大后可纳蒙成为王室管家。与王室贵族相同，高官家室和上等阶层都雇用乳母，乳母也是家庭成员之一

▼ 国王的儿子

这幅壁画描绘了在卢克索神庙落成仪式上站成一排的拉美西斯二世（公元前1279—前1213年在位）的儿子们。所有人都以相同姿势站立，每人手中都握有一个花卉图案，身边都刻有官衔和等级。为了突出王子们的青春活力，每位王子的头部都刻有侧边发辫。据史料记载，拉美西斯至少有40个女儿和45个儿子

儿童的教育

在古埃及,少数特权阶层的子嗣必须接受正规教育,而其他阶层的子女只需要接受职业培训即可,比如农民的后代要学会古老的耕作方式,手艺人的后代从小就要跟着父辈学习手艺。

古埃及学校受政府部门和神庙的双重管辖,主要招收官员和其他贵族的子弟。为了扩充学生数量,大型学校就要招收相当数量的官阶略低人员的子女入学。学校所提供的教育适合已经有文化基础的贵族和权力阶层子弟。这些孩子从五六岁起就开始接受文化知识的启蒙教育,如古埃及象形文字的认读和一些日常用语。日后注定要当僧侣或艺术家的孩子还要学习象形文字和宗教经典。学生们在学习中要抄写背诵所学课文和教学中的一些章节,比如《完全之书》(*Book of Kemyt*),还要学习计算和基础几何。

学生要背诵长篇大段的课文,还要做抄写练习

老师用笞杖惩罚不遵守纪律的学生。学校纪律严格,一视同仁,所有人都必须遵守,贵族家庭的子女也不例外

学校配备一个有轮子的木玩具和一个里面塞满草的皮球

这个小学生坐在地上给老师背诵课文

▼ 一个学生的一天

　　清晨，学生就必须到校，自带午饭，一直到下午才可离校。在校期间，他们在满是灰土的凳子上或石灰石板上学习。老师为鼓励学生学习或帮助某些学生克服惰性，常常要用到笞杖。一篇课文中写道："一个学生的耳朵长到了背上——那他就得边挨打，边听课。"放学后，学生就可以尽情玩耍，他们结伴到户外做游戏，夏天时还可以到人工河中游泳

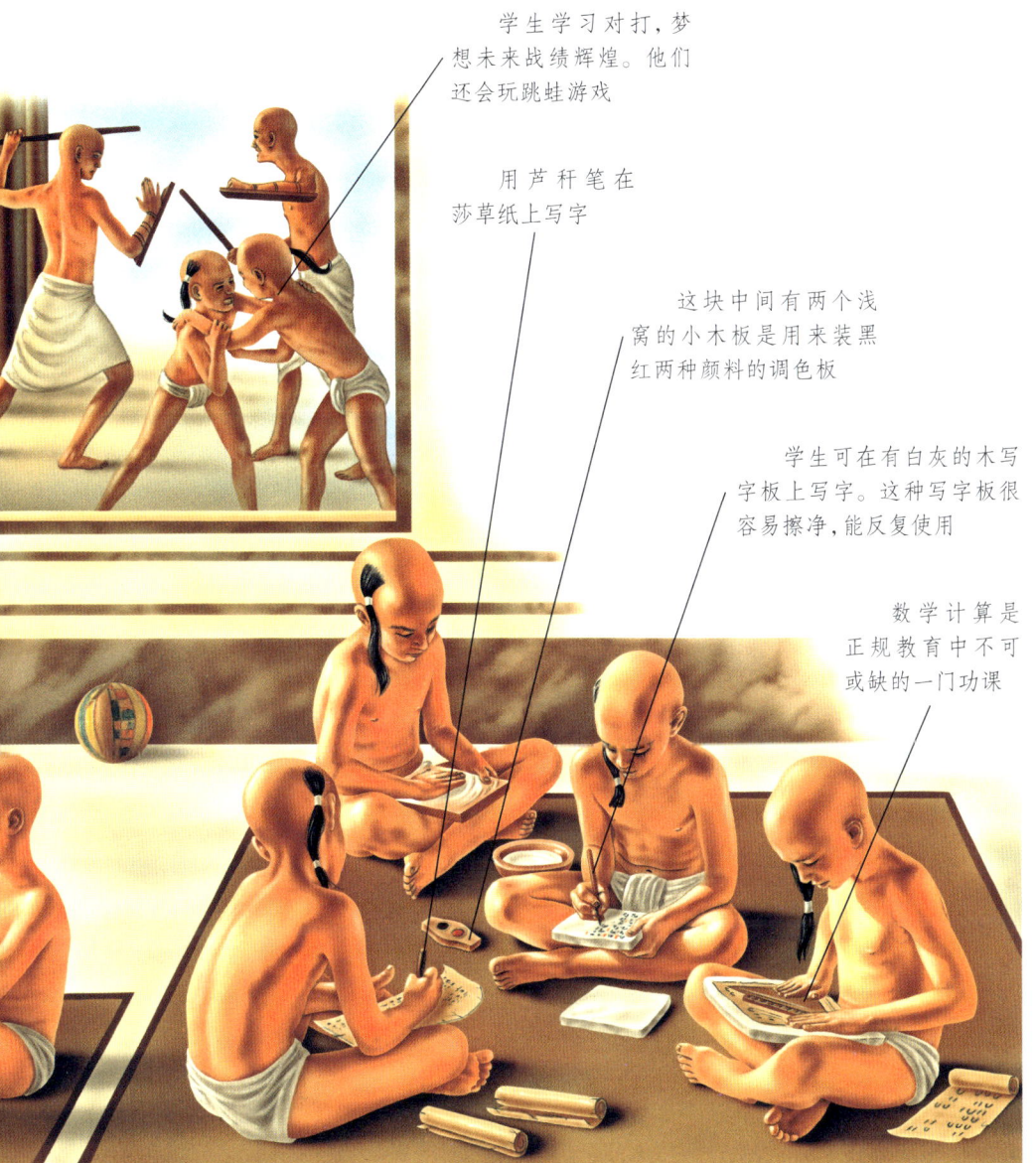

学生学习对打，梦想未来战绩辉煌。他们还会玩跳蛙游戏

用芦秆笔在莎草纸上写字

这块中间有两个浅窝的小木板是用来装黑红两种颜料的调色板

学生可在有白灰的木写字板上写字。这种写字板很容易擦净，能反复使用

数学计算是正规教育中不可或缺的一门功课

11

知识窗

品德教育

无论什么阶层的埃及人都会在孩子还很小时就开始对他们进行道德的教育，在必要时还会使用体罚。比如古埃及维齐尔普塔霍特普的《普塔霍特普箴言》(The Teaching of Ptahhotep)中就描述了埃及人的道德标准：尊重父母和长辈。下层人也要受到公平待遇，上等人不得无端羞辱他们，只有靠渊博的知识和文明的语言才能赢得他人的尊重。

妒忌在古埃及是要受到鄙视的。他们认为，人的一生要慷慨大方，善待朋友。

当贵族子弟进入学校接受正规学校教育时，农家孩子也开始跟着父辈下田，从事拣拾麦穗、照看牲口等较轻的体力劳动。陶工、木匠、铁匠等手艺人的儿子通常进入父亲的工作间，跟父辈学习手艺。在经过一段时间的观察学习和简单操作之后，他们就会在有经验的手艺人的监督下独立工作。

除了医生、接生婆和仆人等有限的工种外，几乎没有可供妇女选择的职业。在包括贵族在内的所有社会阶层，女孩都是在家接受母亲对她们进行做饭、纺线织布等操持家务的教育。女孩的娱乐活动通常是跳舞、表演杂技、玩球或是玩木质玩具。

农家子弟帮助父亲把谷子从小袋子里装到大筐中

▶ **全家务农**

正像这幅新王朝时期（公元前1550—前1069）的西班（Theban）古墓中的画面所示，孩子帮助长辈把收获的谷子装进筐里运走。父亲把他的经验传授给儿子（通常是长子），儿子在适当的时候就会接过父亲的工作，之后又传给自己的子嗣

知识窗

王子们的教育

历史上关于古埃及对未来国王,比如阿蒙霍特普三世(Amenhotep III,公元前1390—前1352年在位)(见右图)等王子教育的记载少之又少。但众所周知的是,王子们都要在特殊的宫廷学校接受教育,这些学校也接纳如"维齐尔"之子或埃及占领国的国王之子等高等贵族阶层的儿子就读。

受埃及统治的国家的王子们接受了完整的埃及教育之后,就会返回自己的国度,以从属身份按照埃及的方式管理国家。

除了进行知识灌输外,王子们还要接受体能和军事训练,为将来参军作战做准备。

▲ 上等工作

贵族子女享有特权,男孩会进入学校学习知识,女孩则和母亲一起留在家里,学习操持家务、管理仆人的经验。这幅图中的女孩正在向母亲学习如何做女主人。公主不仅要学习读书、写字,还要培养对文字的热爱。识文断字是贵族最重要的标准,只有具备文化,才能掌管大权,进行人员管理

人们期待孩子不仅能在收获季节做些农活（如上图所示），也希望他们一年四季都能干些比如植树这样力所能及的活

▲ 参与秋收

当收获季节到来，农民会动员所有年轻人参与劳动。这幅底比斯纳黑特（Nakht）古墓中的壁画，描绘了一个小女孩在拣拾男人用镰刀收割时掉在地上的麦穗，她身后的两个男人用力把一个装得过满的大筐压实、盖严的情景

▶ 宫廷中的女孩

贵族阶层的女孩除了接受社会教育外，还要接受严格的素质教育，她们学习唱歌、跳舞和演奏乐器，在宗教宴会和宗教仪式上演出（如右图）

婚姻

尽管社会允许一夫多妻,但多数人仍固守一夫一妻的婚姻。

在古埃及,婚姻并不受官方礼教的束缚。只要男女双方共同组建家庭就形成婚姻。我们没有发现古埃及对婚姻的社会和法律条文的记载,但却从托勒密王朝(公元前332—前30)晚期的文件中找到了有关婚姻中双方各自财产权利的记录。

夫妻

古埃及允许一夫多妻,但从德尔麦迪那工人居住区房屋的结构、大小等考古资料分析,大多数家庭都是一夫一妻。

从目前掌握的资料看,也有一些家庭最终解体。在古王朝(公元前2686—前2181)时期,丈夫可以因妻子与他人通奸或没有生育能力与妻子离婚。到了中古时期(公元前2055—前1650),埃及颁布了关于保护夫妻双方共育子女的财产权的法律。这个法律不仅保护儿子的权利,女儿的权利也同样受到保护。

◀ 父母和子女

对于古埃及人来说,养育后代是婚姻的一个至关重要的内容。从考古资料看,大多数家庭都由父母和约5个孩子组成,但其中3~4个孩子通常会在婴幼儿时期就夭折

▼ **滕蒂（Tenti）神父和妻子艾莫里特弗（Imeretef）**

从这尊古王朝时期的雕塑可以看出当时理想的美满婚姻状态。夫妻并肩站立，手拉着手，昭示相爱到永远。尽管经济问题是当时婚姻中不可回避的问题，但夫妻双方都是因爱而走到一起的

如同雕塑中的人物形象一样，女人的体形略瘦于男人

夫妻二人手握手，这种亲密的表示在中王朝时期极为少见

▲ 现在的埃及家庭

　　现代埃及男子可以娶4位妻子，但因为经济原因，这种一夫多妻的情况很少见。被遗弃、离婚和丧偶后再婚的现象并不鲜见。

▲ 婚约

　　我们现在掌握的关于古埃及结婚仪式的资料很少，但很多古埃及后期（公元前747—前332）的法律文书中记录了婚约。这些文件标明了夫妻双方在婚姻存续过程中的财产，离婚时，丈夫要给妻子相当可观的经济补偿。

与大多数人不同的是，古埃及的法老通常拥有多位妻子，有的是因为外交关系而结合；有的是按照习俗娶进宫内。在众多妻子中，以一位妻子为王后，如同阿肯纳顿的妻子奈费尔提蒂（Nefertiti）和拉美西斯二世（公元前1279—前1213年在位）的妻子纳弗尔塔利（Nefertari）一样。

在古埃及，法老们的后宫都依王宫或别墅而建，一些排位靠后的妻妾与孩子和仆人住在那里。拉美西斯二世与他的众多妻子共育有一百多个孩子。

兄弟姐妹

法老经常娶姐妹、女儿为妻，但这一习俗仅限于宫廷内部。曾经有人认为，这样做是要将王权传给女性。但更大的可能则是法老认为这样做更能接近神，因为神的婚姻就是错综复杂的。

古埃及的一些王后在政治圈内权倾一方，极具影响力。比如阿肯纳顿的母亲、阿蒙霍特普三世的妻子提伊（Tiy）就常常伴在法老的左右，积极参与治理国家。从许多发掘出的浮雕和雕塑也可以看出，奈费尔提蒂对王宫的事务也有着举足轻重的影响力。

▶ 王室家庭

阿肯纳顿的王后奈费尔提蒂是公认的美女，她在其丈夫执政期间有着非凡的影响力和极高的权力。现在发掘出的许多阿肯纳顿执政期的浮雕上，表现的都是法老与奈费尔提蒂和他们的6个女儿亲密相处的情形，这在古埃及遗迹中是极为罕见的。右边的这座浮雕表现的是阿肯纳顿和王后及子女正在向着日轮阿顿（Aten）祈祷

提伊的头饰上高高的羽饰足以显示她与古埃及神的地位相同

起保护作用的眼镜蛇的蛇头（uraeus）位于提伊头饰的中间

依稀可见在沉重的、华美的头套下露出了王后自己的头发

提伊的手中握着象征王权的连枷（fcail）

▶ **来自民间的王后**

提伊是阿蒙霍特普三世的妻子，她的父亲是当时一个职位不高的战车军官。她在丈夫和儿子阿肯纳顿执政期间拥有至高无上的权力，比如，在阿蒙霍特普三世死后，赫梯（Hittite）的国王亲笔写信给提伊。据说，提伊说服儿子将阿顿作为埃及唯一的神来崇拜，她还提醒儿子关注由阿蒙（Amun）神父对王权构成的威胁等

知识窗

神的婚姻

在所有神的婚姻中，最著名的当属冥神欧里西斯（Osiris）和他妹妹伊西斯（Isis）的婚姻了。古埃及时法老们混乱的婚姻关系似乎皆源于法老与其臣民有别，而法老就是活着的神的标准。

作为冥神的妻子，伊西斯被公认为是理想的妻子和母亲的象征。她历尽艰辛，找回被塞特（Seth）杀死并肢解的丈夫尸体碎块，用香料殓葬，凭着对丈夫的爱，使丈夫重又复活。伊西斯还被人认为是每一位执政法老的神圣母亲。

在新王朝时期，为了外交联盟，很多法老都娶外国公主为妻，这样做不仅加强了古埃及帝国与外国的联系，而且也足以显示古埃及对外国的征服。

婚姻与政治

通过婚姻加强外交联盟的例子不胜枚举，比如拉美西斯二世就曾在公元前1274年卡迭石（Qadesh）战役之后，娶赫梯国王哈图斯里（Hattusilis）的两个女儿为妻，以示不再侵略之意。图特摩斯三世（Thutmose III）统治期间，曾娶数位西亚米坦尼（Mitanni）国的公主为妻，以减弱米坦尼对古埃及构成的威胁。

◀ 哈塞普苏（Hatshepsut）

女法老哈塞普苏（公元前1473—前1458年在位）在达尔巴赫里的墓地中有数座浮雕，浮雕上的画面向人们讲述了哈塞普苏神圣的身世，这也许是在试图说明她坐上王位的合理性和合法性。一直以来，不断有各种声音对她的性别问题提出质疑。这些发现于达尔巴赫里的哈塞普苏画像讲述了哈塞普苏的母亲阿摩斯（Ahmose）与众神之王阿蒙（Amun）结婚，生下哈塞普苏的故事。左图是她作为法老时，戴着由阿蒙亲手为她佩戴的象征王室的胡须

▶ 王后

纳菲尔泰丽（大约公元前1562—前1495）是阿摩斯一世（Ahmose I）的妻子和妹妹，也是新王朝时期最有影响力的女人。她是第一位被选作阿蒙神王后的女人，并参与修建德尔麦迪那工人村

古埃及的房屋

我们对于古埃及房屋是如何建造以及它们的用途等的了解,皆源于所发掘的古埃及人的居住地、墓冢中的房屋模型和住房、庭院墙上的图画的细部描绘。

古埃及时期的气候非常干热,所以修建房屋需尽量避开阳光。自提尼特（Thimte）时代起,用于建房的主要材料就是泥砖,将砖码放好后里外再抹上灰泥。屋内墙壁通常要绘上图案或自然景致。地面用泥铺平、踩实或铺上一层彩砖。考古发现,富裕人家的房屋是用石瓦搭建的。

凉爽的房屋和明凉的庭院

古埃及人认为,房屋内简洁的墙面上敷上白灰泥可以阻止阳光的照射,墙的高处小小的格子窗只能透进有限的阳光,通风口把寒冷的强风挡在了窗外。那时候,窗子里边都挂有彩色帘子。许多房屋外都建有庭院,扩展了居住空间,大多数平屋顶上也都建有凉亭。

▶ 建筑材料

古埃及人建造房屋的主要材料取自尼罗河中捞出的泥,泥经风干之后做成泥砖。为使房屋更加持久耐用,和好的泥需放置数天,然后再用长方形模具塑成砖块。做好的砖还要在阳光下风干、晾晒,使之更加结实坚硬,然后再与干草和水一起修建成房屋

◀ 过去一瞥

古埃及人建的许多泥砖建筑，并未受到太大的气候影响，一直完好保存至今。用泥砖做建筑材料的做法延续至今，在现在埃及的许多村庄中并不鲜见。这一传统用材直到最近才被耐火砖和混凝土取代。

两根纸莎草植物形状的细木柱标示出此处为房间的主要入口

无花果树因其茂密的树叶而广受人们喜爱

葡萄和石榴树是富裕家庭庭院中的常见树种

高墙上紧闭着的单扇门是通向庭院的大门

▶ 庭院聚会

上层阶级的房屋外一般都有庭院，院中有遮阳的果树和水池。庭院四周是高高的围墙，墙上有一扇正对房屋的大门。这幅伊波利托·罗塞里尼（Ippolito Rosellim）根据西班古墓中的壁画而绘制的画，表现了古埃及人在庭院中举行聚会的场景

24

▼ 木插销和门框

门从里面用木插销,有时也用铜插销插住。许多建筑要素,比如门框、窗框、椽子和柱子都用木头制成,并用油漆髹亮

房屋正面有两个装饰精致的窗框

▲ 室内装饰

与室外墙壁无任何装饰的简洁形成强烈对比，室内墙壁画满色彩鲜艳的几何图案和花卉图案。这些由19世纪画家普里塞斯·达文斯（Prisses d'Avennes）临摹的图案，是18—19世纪富裕家庭中最为常见的

相关链接 "灵魂房屋"

对埃及人而言,死亡意味着生命之永生,所以墓冢中装有死者来生所需要的包括食品、服装和家具等一切物品。在各种随葬物品中就有用木头或泥土做成的房屋模型,下图中这个中古时期的随葬房,就是死者来生的住房。因为模型房都是按照当时最常见的住房模式建造,所以从中可以窥见古埃及的住房已经是多层建筑了。

社会各阶层间的区别可以从他们的住宅上看出来。下等阶层通常住在只有一两间屋子和带有一间户外厨房的狭窄空间里。

上等阶层的别墅

上层官员住的是宽敞的别墅。一般由一间小前室通向宽敞的、设有廊柱的、与豪华正房相连的大厅。厅里有通向顶棚的楼梯,有一个透进宜人凉风的门廊。私人住宅位于别墅后部。

厨房和其他功能性房间都在侧楼,还有几间地下储藏室。

▶ 底比斯的一座花园

这幅在阿蒙霍特普三世（Amenhotep III）统治时期的底比斯市长森尼弗（Sennefer）墓发现的花园绘画中，壮观豪华的花园内有无花果树、椰枣树和洋槐。花园的豪华程度显示了主人的身份，只有富有的贵族、王子和国王才能享有这等豪华

▲ 一处豪华别墅

这幅19世纪的绘画描绘了古埃及的一座河边别墅。住宅位于错落有致的大花园的后面，整个建筑四周由高高的围墙与外界相隔。可通过一扇大门进入，大门两侧还有两扇小门

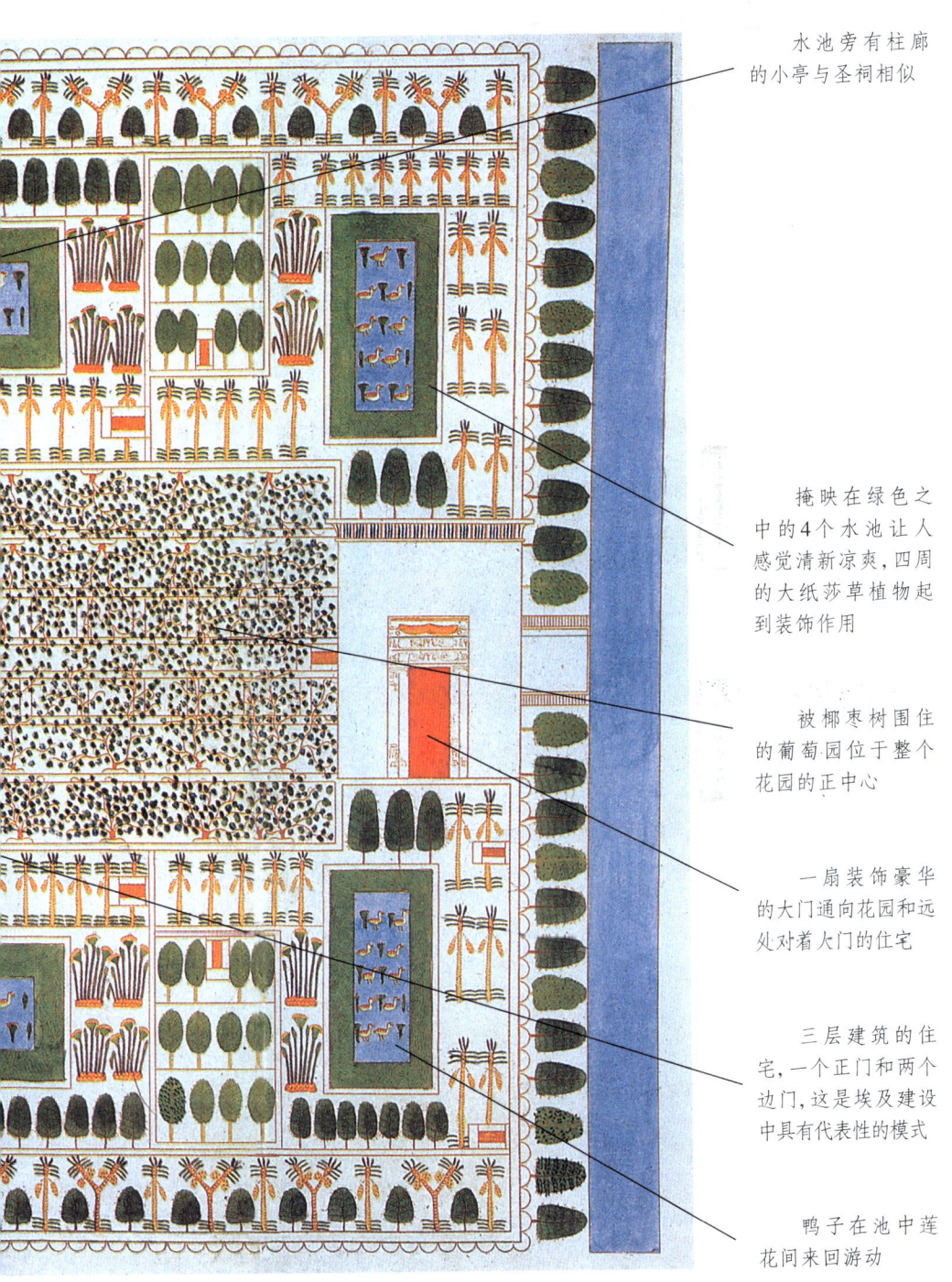

水池旁有柱廊的小亭与圣祠相似

掩映在绿色之中的4个水池让人感觉清新凉爽，四周的大纸莎草植物起到装饰作用

被椰枣树围住的葡萄园位于整个花园的正中心

一扇装饰豪华的大门通向花园和远处对着大门的住宅

三层建筑的住宅，一个正门和两个边门，这是埃及建设中具有代表性的模式

鸭子在池中莲花间来回游动

29

◀ **有廊柱的门廊**

　　这个第十一王朝（公元前2055—前1991）高级官员梅克特拉（Meketra）墓中的房屋模型，在主入口处有一个带有廊柱的小门廊。两排各4根长条凹形槽的立柱颇似扎在一起的莲花茎和花朵，色彩依然艳丽。门廊前有一个水池，水池四周被刻画细腻的树木、树叶、果实包围

▶ **奢华的内部装饰**

　　这是依据古埃及墓中模型和墙上的绘画真实再现的一幅画。在奢华的别墅中，漂亮的立柱支撑着底楼与二楼间的夹层楼面，中间嵌有几扇窗户。侧面墙壁的高处有几扇略小的窗户，这样可使光线进入而阻隔酷热。房间的正中立着一尊雕塑，周围摆放了一些枝繁叶茂的室内植物

城镇生活

古埃及最早的长久性居住区建于大约公元前6000年富饶的尼罗河沿岸。希拉科诺波利斯(Hieraknopolis)等一些居住区后来发展成大型城镇。到公元前3500年,这里已经有8 000位居民,其中包括陶工、纺织工等许多手艺人。

对被阿肯纳顿遗弃的市府阿克塔顿和德尔麦迪那的工人村这些埃及城镇的形式、功能的考古研究发现,它们都不是很具代表性的城镇。尼罗河流域的大多数城市遗址每年都会遭遇洪水侵袭,很难完好保存至今。再加上年代久远,世代农民把旧址的泥砖磨碎,当作肥料撒在田里,也对遗址造成很大破坏。

房屋建造

古埃及的大多数房屋都是用晒干的泥砖堆砌在低矮的石墙上,通常有4~6间正屋,一个小贮藏间,一个通向屋顶的楼梯间。考古发现看,有些建筑为二层小楼,有些房间是用于圈养动物的。房屋之间间距很小,所以狭窄的"街道"显得阴暗。房屋窗户很小,以遮挡阳光的照射。

▶ 德尔麦迪那工人村

这片居住区的居民都是在帝王谷为法老建造、装饰墓地的工人。在拉美西斯二世统治期间,这里的工人达到1 200人。他们的家人也都到这里与他们同住,住在由外墙围起来的70间泥砖房内。不远处还有40间房屋,大概是供赶驴人和一些非技术工人居住

▼ 上等人的住房

上等人的住所通常都有生活区、贮藏区、工作区和仆人居住区，还有被高墙隔出的大花园

▶ 法老的生活

在国家事务不繁忙时，法老都会到沙漠中打猎或在他的豪华宫殿中休息。这里除了要设奢华居住区，还必须有厅堂、办公室，有存放文档和物品的房间，还要有厨房、烘烤间和仆人生活区

神庙是城镇中唯一完全用石头修建的建筑物

长满水果和蔬菜的花园在古埃及上等家庭中是不可或缺的

一条宽敞的街道贯通整个城镇，通往镇上各主要建筑物

宫廷中的人工湖四周栽种了许多树木

▲ 神职工作人员

除了宗教事务外,他们还负责保护神庙、守护大门、监督神庙内工人干活

▶ 维齐尔

维齐尔(高级官吏)通常住在宫殿里

▲ 市区

大多数城镇都分为多个地区。除了官员和富人的居住区外,还有工人阶层居住的拥挤房屋和狭窄街道

城市和大城镇的上、中、下各阶层分别居住在不同区域。上等人家的住房有许多奢华的房间，内置精美的实木家具，也许还会有一个种植花草树木的花园和水池。工人屋内则只有泥砖长凳、石凳、粗糙的木墩和壁龛。

市场

大多数城市都有露天市场，市场内摆放着一些临时摊床。墓中壁画很少描绘市场，只在当时宫中极受尊敬的法老首席御用美甲师和理发师克努姆霍特普和尼安克努姆（Khnumhotep & Niankhnum，生活在大约公元前2350年）的双人墓中发现的壁画上看到水果、蔬菜、鱼、肉、饮料容器、盛谷罐、篮子、贸易买卖时所穿的便鞋和织品。

直到托勒密王朝（公元前332—前30）才开始以硬币为流通货币，之前一直都是以物易物。比如用一罐鱼可以换到价值相等的一罐酒，用无花果可以换到一个大陶瓷碗等。

◀ 顶着交易物品

这几尊雕塑刻画的是中古时期的妇女顶着要交易的物品到村里和城镇去进行交易

未经烧制的泥砖是建筑房屋的主要材料

工人居住区通常很密集、狭窄

楼梯通往酷夏之夜可以睡觉的屋顶

厨房、烤面包房和工场通常设在屋内或屋后的露天场院

▲ 工人住宅区

工人住宅和富人住宅的外观区别不大，但工人的住宅要小得多。一进入口就是起居室，然后是卧室。这种房子的窗户很少，为的是挡住阳光和暑热。顺楼梯可以上到屋顶，屋顶可以做工场、花园，酷热的夏季，屋顶还可以当作露天卧室

35

▲ 工匠

　　工人通常住在城市里的一个独立区域,这一点可以从德尔麦迪那和特拉阿玛尔纳(Tell el-Amarna)的工人住宅区中得到印证

▼ 一个古埃及居住区

　　从这个遭到严重破坏的艾尔卡瑟(el-Qasr)居住区一角,可以了解到当时的房屋建有阳台并外设楼梯

埃及社会

古埃及最具特色的纪念物——金字塔为我们了解埃及社会严格的等级制度打开了一条通道。因为社会体制是由众神制定的,位于金字塔底层的人们只有接受命运对他们的安排。

埃及社会有着严格的等级制度,这一点可从金字塔中窥见一斑。位于埃及社会体制顶端的是王室家庭:法老、法老"尊贵的妻子"、法老的母亲和孩子。法老是埃及的土地、采石场、煤矿的所有者;是政府首脑,军队高级指挥官,教会领袖;是神和人之间的唯一中间人;是权力最大的人。法老授权给维齐尔、将军、祭司等,由他们向法老负责,组织管理社会各阶层。

管理链

高级官员将命令下达给中级官员和祭司,再由他们传达给士兵、书吏、小祭司、手艺人和画家等专业人员。这些人所获得的工薪不是金钱,而是食品或其他物品。

◀ 制度制定者

阿肯纳顿(公元前1352—前1336年在位)曾极力在埃及普及一种新的宗教,还把国都迁到新建的阿克塔顿市。这一规划充分反映了埃及社会严格的等级制度

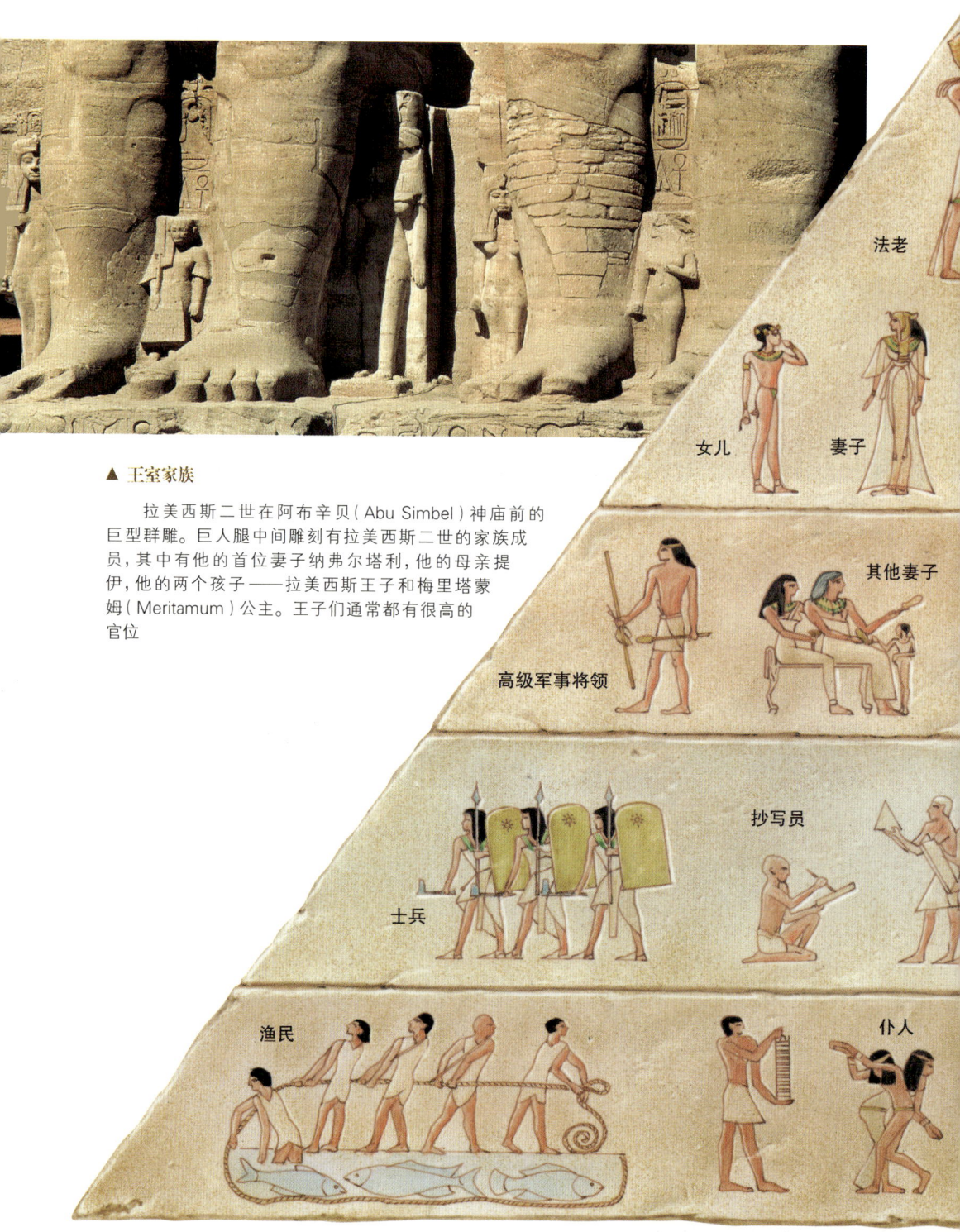

▲ **王室家族**

拉美西斯二世在阿布辛贝（Abu Simbel）神庙前的巨型群雕。巨人腿中间雕刻有拉美西斯二世的家族成员，其中有他的首位妻子纳弗尔塔利，他的母亲提伊，他的两个孩子——拉美西斯王子和梅里塔蒙姆（Meritamum）公主。王子们通常都有很高的官位

食物都是由广大农民提供的，他们在田间辛勤劳动，再用收获的粮食交税，用自己非技术性劳动推动国家运转。农民、家仆和包括囚犯、战犯在内的农奴一样，位于社会金字塔的最底层。

社会各阶层间的严格界限也反映在人们的居住方式上。从阿肯纳顿的首都阿克塔顿发掘的遗址中可以看出，位于社会底层的家庭住所只有3~8间日常用途的泥砖小屋，总共不到70平方米。中层家庭有6~13个房间，通常60~150平方米，而维齐尔、将军、高级神父、艺术家和各个部门的首脑都在城市里有豪华的花园别墅。

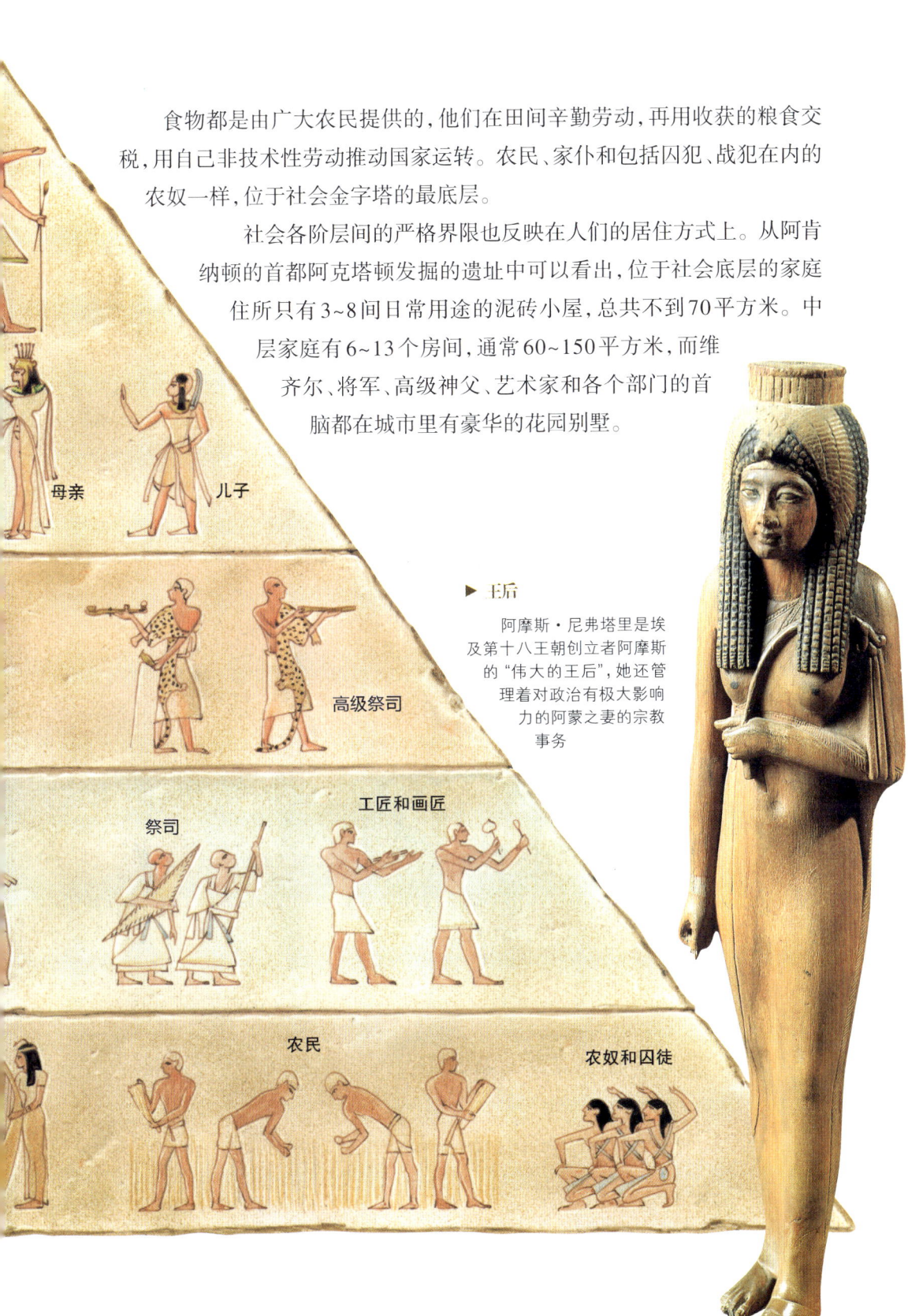

▶ 王后

阿摩斯·尼弗塔里是埃及第十八王朝创立者阿摩斯的"伟大的王后"，她还管理着对政治有极大影响力的阿蒙之妻的宗教事务

◀ 注定为奴

在新王朝时期（公元前1550—前1069），埃及在打败努比亚、近东和利比亚等国后，不断把战俘带回本国做奴隶。他们中的许多人被充实进埃及军队，另一些被发配到田间干活，为神父、高级官员、屡建战功的将军提供粮食。有的战俘在埃及上层人家里做仆人

▼ 士兵阶层

埃及历史的早期没有常设军队，只在需要时临时提供一支军队。到了中古时期（公元前2055—前1650），士兵才被作为一种职业固定下来。国家容许士兵开荒种地，耕种的获利作为军饷为个人所有，有时也可以雇用农奴帮助种地。尽管土地仍为国王的财产，士兵仍然可以将分给自己的土地耕种权（即法律上在不损害产业条件下使用他人产业并享有收益权）转让给子嗣。军队征兵，士兵之子当为首选。这座雕塑是法老常备军中的一位年轻军官

用现代人眼光看，古埃及社会最引人关注的是社会的稳定，鲜有社会动荡发生。社会的稳定性在社会的、自然的，上帝创造且被玛特女神（Maat）人性化了的秩序中得到强化。人们认同自己在社会中的位置：工人接受社会上层的指挥命令，而高级官员也必须尊重下属。这一社会体系如此稳定的另一要素即这一体系不是死板一块，不可变更的。人们通常由家庭出身确定社会等级，但也有升迁和下调的可能。

国王的重要性在推翻了君主制度后的第一过渡时期（公元前2181—前2055）充分显示出来。这一时期催生的一种新的厌世文学，反映出埃及人不再对传统价值观和真理俯首称是。这一时期富人的墓中没有任何陪葬，就像对死人的敬意也在被剥夺之列一样。很快，随着第一过渡时期退出历史舞台，君主统治卷土重来，以往的社会秩序再次恢复。

▼ **对土地的管理**

到收获季节,书吏就被派到各个产粮区,负责监督收获与产量。他们先是在庄稼生长期就测算出产量及税率,在收获时,对收获全过程进行监督、记账

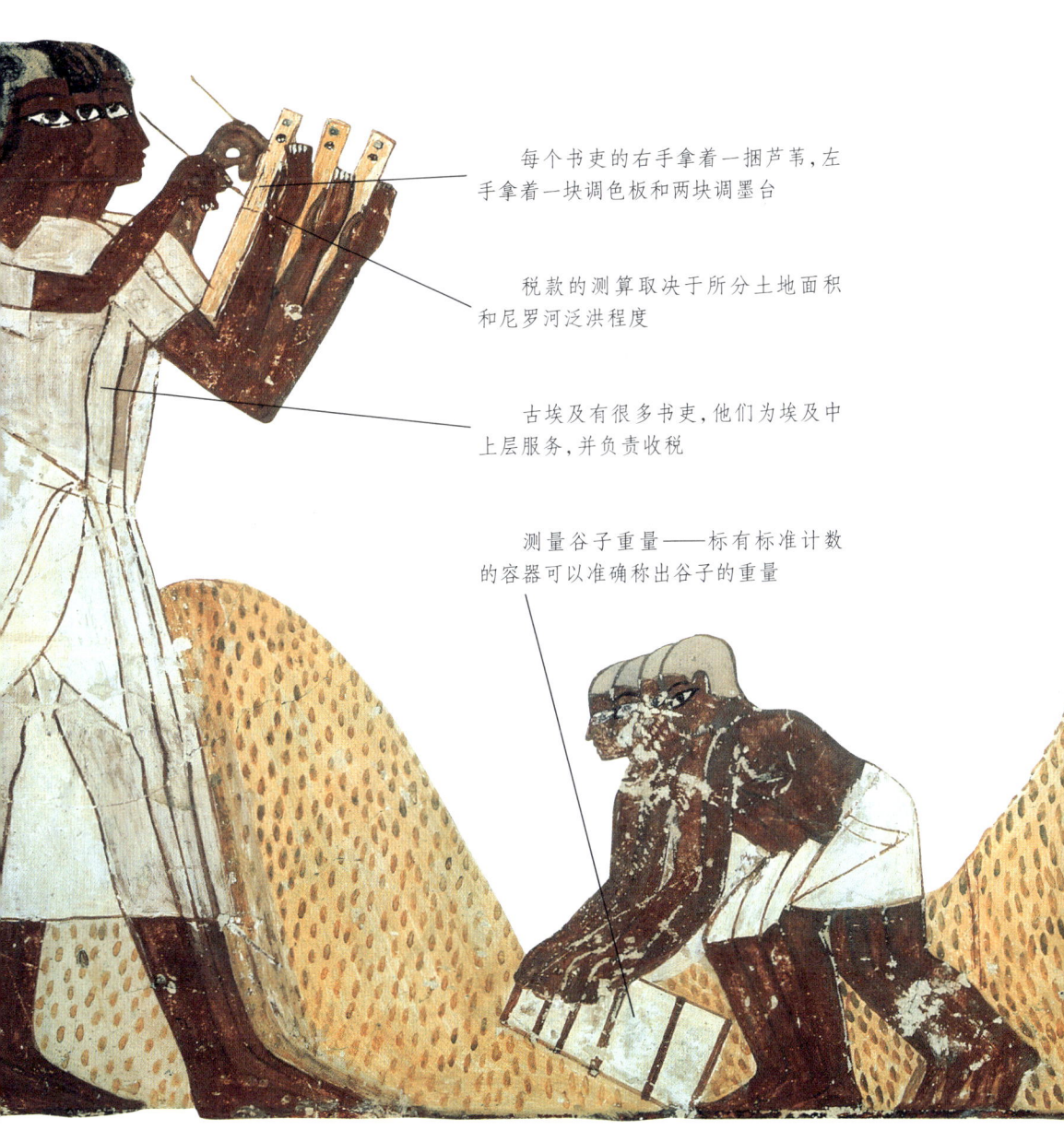

每个书吏的右手拿着一捆芦苇,左手拿着一块调色板和两块调墨台

税款的测算取决于所分土地面积和尼罗河泛洪程度

古埃及有很多书吏,他们为埃及中上层服务,并负责收税

测量谷子重量——标有标准计数的容器可以准确称出谷子的重量

◀ 维齐尔

这座雕塑人物是索贝霍特普四世（Sobekhotep IV）时期的维齐尔尼弗塔里，他身穿吊带官袍，拥有仅次于国王的最高统治权

◀ 上等阶层

辅佐国王统治国家的高官贵族享有豪华住房和当时的一切便利。我们可以从考古发现的古墓规模、装饰的豪华程度和墓内壁画中得知主人的官阶。这是一幅19世纪古埃及学家伊波利托·罗塞里尼的模仿画,画中的官员和他的妻子身穿华丽的打褶的亚麻服饰,珠光宝气

知识窗

绝大多数人

农民占据了古埃及人口中的绝大多数。公元前2500年建造大金字塔时,埃及只有大约150万人。随着农业灌溉技术的发展,尤其是发明了提水的吊杆,在粮食产量不断增长的同时,人口也不断增长,仅在拉美西斯二世统治时期,埃及的人口数量就增长到300万,而到了克利奥帕特拉七世(Cleopatra VII,公元前51—前30年在位)时期,人口已超过500万。包括官员、神父和工人在内的城市人口(见右图)只占全国人口的少数。

神法和民间的法律

随着埃及中央国家的建立，一部存在于今生和来世的法典随即问世。

古埃及法律是依照女神的化身玛特所说的自然和谐与世界同生共进的宗教观点制定的。埃及人认为宇宙永远处于好与坏、光明与黑暗的紧张状态之中。如果玛特打破这种状态，就会发生混乱。人们认为国王是玛特颁布的神法——后来发展成法制体系公正与否的监督人。

新王朝时期的法规

古埃及人相信包括社会正义和道德的自然法则。随着历史的发展，历代国王不断补充法规。下面引用的是霍伦海布（Horemheb，公元前1323—前1295年在位）颁布的法令："我授权以官贵，他们有权进行征收。"因而，新王朝时期的法律被叫作"国王之法"或冠之"国王发令……"只要玛特的法律观点得以通过，就要写进立法里面。

◀ 正义女神玛特

太阳神拉的女儿玛特是秩序、真理和正义的化身，对神和芸芸众生都是如此。作为宇宙的化身，她被视为"天神的食品"。画中的玛特头上插着其特殊标志——一根鸵鸟羽毛。她在《死亡之书》一书中被象征性地描绘成称心仪式上的羽毛，与死者的心脏一起被放置在天平的两端，心脏的重量决定死者来生的命运。玛特还是法官的保护女神

谢波希（Shepsi）头上顶着月轮和月牙

太阳神谢波希是托特（Thoth）诸化身中的一个

拉美西斯三世在向神烧香进贡

拉美西斯二世把进贡的酒洒在谢波希的脚下

▲ **国王和谢波希（Shepsi）**

法老颁布和执行的法律不能偏离玛特的理念，这对于国家秩序和经济增长至关重要。法老在神庙中做礼拜也要照此进行。古埃及人认为，上帝和法老是活着的玛特。作为玛特的化身，就要遵守她的法律法规，这一点在许多神庙的壁画中都有所反映。法老向托特的化身谢波希进贡时的场面就充分说明了这一点。托特被看作是一位法官和调停人。

▶ **法律的化身玛特**

被人格化了的玛特既代表神，也代表世间的秩序，还代表着正义的理念，包括法老在内的一切法律都与她密不可分。作为国家大法官和立法者，统治者要和玛特保持一致，尊重法律，按法律行事，坚持正义。玛特代表着最高道德和对与错的标准。

▲ 玛特和官员

玛特代表着国家制度的基本道德，法老任命的官员在法律上都与玛特有关。高官维齐尔与身份卑微的书吏一样都是玛特的臣子

▲ 称心脏

在对死者的审判中，赫鲁斯用玛特的羽毛对死者心脏进行称重，以确定其灵魂的位置和行为的对错。如果死者在欧西里斯（Osiris）面前讲的是真话，天平就会向挂有玛特羽毛的一侧倾斜

上帝的最后审判日

埃及人认为，人的来世仍然有司法存在。除了称死者心脏这一强迫性的做法之外，现世未受惩罚的罪行，来世还是会受到惩戒。当众神意见发生分歧时，神的世界就会成为司法圣地。赫鲁斯和塞特之间经常发生争吵。在对这些争吵的审判中，阿蒙（Amun）、拉（Ra）、拉–赫拉克提（Ra-Horakhty）和

▼ 维齐尔

十三代王朝的维齐尔索克姆萨夫（Sobkemsaf）身穿体现他社会地位的肥胖长袍。维齐尔是地位仅在法老之下的最重要的官员和第二大法官，责任之一就是要监督国家法律的执行情况。尽管法律是由法老制定的，但是由维齐尔扮演顾问的角色。维齐尔还负责在玛特管理下向众神进贡

托特（Thoth）扮演着重要角色。

从理论上讲，法老为人间最高权力象征，所有诉讼案件都要经他审批。而实际上，国家法律和秩序的运行是由仅次于法老之下官阶最高的维齐尔和第二大法官执行的。维齐尔再将命令向下属官员下达，这些官员就在其管辖区内监督法律的执行。

第五王朝（公元前2494—前2345）时期，"神圣之地"正义法庭诞生，由高级官员担任执法者，每个区的最高长官本身就是法官。更多关于司法制度的资料出现在新王朝时期（公元前1550—前1069）以后。从那时起，不仅各区设有区法庭，还有为处理复杂案件而设的高级法庭。

犯罪与惩罚

审讯除了判决债务和继承等民事案件，也处理偷窃、不缴税和毁约等刑事案件。我们可以通过许多法律文件充分了解当时的法律程序。对于严重的案件，法庭会判被告和其全家流放或死刑。

女神头上戴着鸵鸟羽毛

玛特手握标志生命永恒的安卡（ankh）牌

法老代玛特向众神负责，管理世间和上天的事务

玛特女神代表着宇宙的和谐共生

◀ **国王和法律**

　　法律的执行由维齐尔负责,但也有些案件在他的管辖范围之外,比如刑事案或王室墓地盗窃案。每逢发生这类严重的案件,法老要派维齐尔和高官亲自对案件进行调查,之后向法老提交调查报告。法老接到报告后就和智慧团成员一起讨论,裁定出惩罚的标准

▼ **法律文书**

　　现在保存下来的大多数法律文书都是古埃及末期(公元前747—前332)和古希腊-罗马时期(公元前332—公元395年)用通俗文本或希腊文字写成。其中有许多合同,内容主要是关于牲畜交易,还有以合同文本形式书写的婚约、遗嘱和租借协议

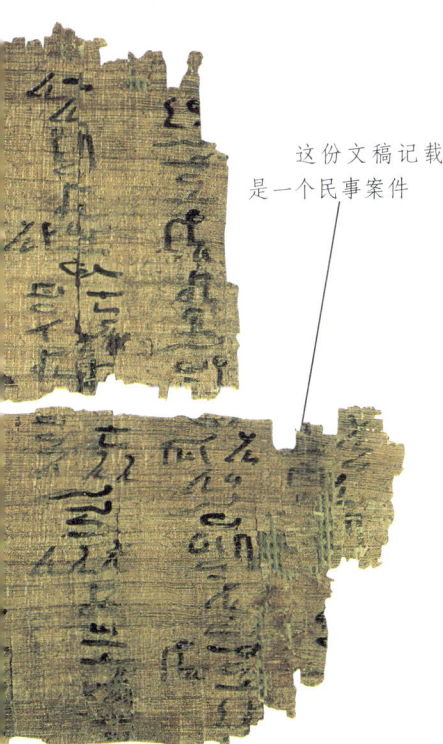

这份文稿记载的是一个民事案件

▶ **民间司法审判**

　　除了王室内进行的司法审判,民间也进行司法审判。王室官员或独立行使他们的司法职权,或与同行法官和年长的人一起组成合议庭。证人要出庭作证,合议庭合议之后作出裁决,会议记录要呈送维齐尔审阅

▲ 作为正义席位的神庙之门

在新王朝时期,正义法庭设在大神庙的门前,在维齐尔的监督之下进行审判。图中就是一个被称作"讲真话的大门"的王室法庭

女人的地位

以前,埃及问题研究专家很少涉及妇女在埃及社会中的地位的问题。因为女性大都被排斥在社会生活之外,我们掌握到的资料极其有限。但在某些地区,男女是平等的。

在埃及,甚至是上层社会,很少有妇女掌握大权。在三千多年的时间里,只有5个女人曾经统治埃及(而且通常还是在极特殊的情况下),其他都是在儿子做了国王,但因年龄太小,无法掌握国家大权的情况下由母亲暂时摄政。

女人和权力

尽管有些王后曾经活跃在政治舞台上,那也是在国王允许的情况下她们才能这样做。上层妇女享有宗教或非宗教的头衔,但通常不会摄政。妇女通常不能插手公共事务,也很少接受正规教育。尽管她们有自己的势力范围和比现代社会还要多的法律权益,但她们只能管理家庭事务、家庭财产。

◀ 奈弗蒂阿贝特(Nefertiabet)公主

奈弗蒂阿贝特是第四王朝时期胡夫法老(Khufu,公元前2589—前2566年在位)的嫡亲。图中她身穿豹皮,以示其祭司身份。妇女在古王朝时期更多地参与宗教仪式活动和掌管宗教活动,以后各个朝代都对妇女除家务以外的活动进行了限制

▼ 阿谢特（Ashait）公主

壁画中的阿谢特是中古时期（公元前2055—前1650）哈索尔（Hathor）的公主，她拥有好几个头衔，还担任几项官职。阿谢特亲自掌管自己的财产

短短的、紧紧卷起的假发是中古时期妇女的典型发式

一名妇女站在阿谢特前，为她倒了一碗水并递给她

那时完美的女人形象就是身材纤细，显出青春活力

阿谢特的高贵身份可以从与画中奴仆的比例中得到印证

有凸圆线脚和狮子足形象装饰的座椅标志着公主的富足和尊贵

阿谢特光着脚。中古时期的妇女不穿拖鞋

历史档案

姆特（Mut）、妻子和母亲

由父亲、母亲、孩子组成基本核心家庭是神灵和人类共同的模式，只是神倾向于只生一个孩子，女神姆特被认为是阿蒙（Amun）之妻、孔斯（Khons）之母。姆特的名字本身就是"母亲"之意，塑像中的她戴着一顶双垂王冠。

▶ **阿蒙的歌手**

从古王朝末期（公元前2181年）往后，妇女一般都不再参与宗教事务，一些底比斯（Thebes）时期的女贵族就到卡纳克（Karnak）的阿蒙神庙当歌手。右图是《死亡之书》中的一幅阿蒙歌手的纸莎草纸画像

性别的区别也波及工作领域，一些专业工种由男人完成，其余的才能由女人做。妇女不能从事与刀刃有关的任何工种，比如收割庄稼等；还因为害怕被鳄鱼伤害，也不能在尼罗河沿岸干活。妇女主要从事碾磨面粉、纺纱织布等，男人常常要洗衣服。

在神庙和贵族的田园领地里，女人们也和男人一起烤面包和酿酒。历史资料也有妇女在大户人家中做舞女、歌女、园艺工、乐师、织布工和缝纫工的记载。当时的贵族是男人用男佣，女人用女佣。

农场和工厂

墓中残存的古埃及日常生活的画面确凿无疑地反映男人也工作。然而要说明的是，这些都是户外劳动的场面，比如钓鱼、打猎和田间劳动。尽管妇女参与秋收，但总的来说，她们所从事的都与农业劳动和打猎无关，她们通常在紧挨住房的大堂里纺纱织布。这是古埃及最早的工厂的雏形。

◀ 纳弗尔塔利（Nefertari）王后

纳弗尔塔利是拉美西斯二世的首位和最主要的妻子，并在那一时期的政治和宗教事务中扮演着重要的角色。法老为她在阿布辛贝建了一座神庙，还在王后谷（the Valley of the Queens）为她修建了豪华墓地，其中就藏有这幅画像。她承袭了丈夫的神性，被人看做是哈索尔（Hathor）女神。在这幅画中，她戴着只有王后和女神才能佩戴的秃鹫头饰，上面插有两根羽毛和一个日轮

▶ 现代田间劳动

尽管农作物发生了改变,但埃及农业千百年来的耕作方式变化甚微,在一些拖拉机、收割机等农业机械还很少见到的地区,妇女仍和古埃及时期一样,是维系家庭生活的主力军

▶ 收获

在古埃及主要由男子从事农业劳动,妇女做家务和照看孩子。但在农忙时节,她们也要帮助男人参加一些田间劳动,但严禁她们使用镰刀,只能把男人割下的庄稼装进篮中

▶ 碾谷物

妇女主要的工作是做饭。她们要把谷子碾成面粉。先把谷子放在地上的一块长石板上,然后前后推动一块圆滑的石头,将其粉碎

妇女和农产品

在萨卡拉发现的埃及第五王朝（公元前2494—前2345）官员泰（Ti）的墓中壁画上，描绘了一队妇女捧着泰所拥有的各种埃及农产品

古王朝时期妇女的主要装饰是长发辫，一身长及脚踝的紧身衣，上身披着肩带

每个妇女都佩戴死者遗留下来的具有代表性的物品

▶ **古墓浮雕中的女人**

墓中画面和雕塑中很少有正在劳动着的妇女形象。而在这座浮雕中，她们代表的是由死者统治的另外一些省份。画中人物间的象形文字就是她们所属省份名称

祭品篮里装着供逝者来生享用的水果、亚麻布和谷物等

用布条遮着的乳房从侧面露出

颈部的项圈和腕部的手镯是用上了彩釉的珠子穿成的

▲ 酿酒

古埃及人非常喜欢喝酒,那时无论男人还是女人都会酿酒。这座古王朝时期的雕塑表现的就是妇女正在揉筛子筛湿的大麦粉,准备发酵。几道工序过后,大麦粉和水搅匀后倒进水罐中,经过发酵后制成酒

相关链接：妇女的保护神

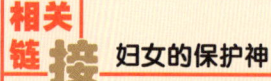

尽管贝斯神（Bes）在各种画中被人们描绘成长相怪异、个头矮小、长舌外露、满脸胡子的形象（见右图），却是古埃及颇受人爱戴的保护神。母亲和孩子佩戴有他的护身符，就可以远离危险，免受疾病之苦。从那时起直到现在，人们都认为多子多孙是神的赐福。妇女所面临的最大问题是性生活和健康问题，她们用魔法仪式祈求怀孕和防止流产。

古埃及妇女在国内和宗教事务方面的地位远远高于其他国家的妇女，她们与男子有着同等的地位。一些早期去过埃及的旅行家，比如古希腊人希罗多德（Herodotus，大约公元前484—前425）都对埃及妇女拥有如此的权力表示惊奇。古埃及妇女拥有土地，独立做贸易，还可遵照个人意愿继承或赠予财产。

古埃及妇女也拥有法律权利，她们可以和男人一样作为原告、被告或证人出庭。她们是自己行为的完全责任人，一旦出错，就和男人一样，被法庭传唤，受到严厉惩罚。她们可以在公共场合自由出入。

结婚和离婚

古埃及人结婚不举行仪式，但要由夫妻双方组成家庭，共同养育子女。女子在婚后被称为"家中女主人"，仍保留自己的名字，保有自己的财产，还和男人拥有同样的主张离婚的权利。离婚时，女人可以带走属于自己的婚前财产。

服饰和时尚

尽管古埃及男女着装风格不同,但总的来说都讲求实用和简洁。到了新王朝时期,男女的时尚观念较从前大不相同,开始向雅致和优雅转变。

古埃及时期男子的服饰不过是缠腰布。在古王朝时期(公元前2686—前2181)和中古时期(公元前2055—前1650),男子服装也不过是一块方布,缠住腰,垂至膝盖,在腰上用一根绳或一块皮子绑紧。富裕阶层人士与农民、手艺人的区别只在于佩戴珠宝。

新王朝时期的时尚

到了新王朝时期(公元前1550—前1069),埃及人的服装才开始趋于时尚和复杂。缠腰布的前面开始有围裙式的装点;长及脚踝的裙子和长及膝盖的短袖束腰外衣也开始与短缠腰布同穿。长袍也出现在这一时期,长袍的领口和袖口很宽,中间束腰。在这一时期,埃及与其他地中海国家关系的发展在很大程度上影响了服装发展趋势。

◀ 王服

只有法老才能在他窄窄的短腰布外配上象征力量的狮子的尾巴

▶ 长围裙

法老穿的这种服装是由一块长腰布和一条长裙组成的,束带的底部饰有神圣的眼镜蛇图案

装饰华美的王冠有一条类似于侧边辫似的侧垂带,这说明佩带人是个孩子

白色束腰外衣只盖住上臂,露出戴在腕上的贵重的黄金或非常稀有的宝石手镯

束腰布由一根宽带或腰带系住

◀ **一位埃及二十代王朝王子的服装**

在这幅图中,拉美西斯三世(公元前1184—前1153年在位)的儿子身穿与父亲一样的王室服装,白亚麻布宽袖长达膝盖,短袖束腰外衣穿在配着蓝色和赭红色带的白色长腰布的外面

▶ 阿玛尔纳时代的时尚

这尊无头和四肢的躯干雕像是阿肯纳顿（公元前1352—前1336年在位）的妻子奈费尔提蒂的塑像，她身穿亚麻百褶外衣，在乳房下系一条花结，没有右袖。在阿玛尔纳时代，典型的审美观点是以透明织品突出身体曲线、臀部和大腿

▶ 王后女祭司卡罗玛特

这是古埃及二十二王朝（公元前945—前715）时期塔克罗特二世（Takelot II，公元前850—前825年在位）之妻卡罗玛特的铜质镀金雕塑。塑像中的她身穿一件宽披袖打褶长袍，领口装饰精美

▼ 出席典礼时的服装

神父和法老通常在参加宗教仪式或庆典时身穿豹皮

◀ 新王朝时期的男子服饰

新王朝时期的穿着时尚为短束腰布，外罩一条用彩色束带系住的透明百褶麻质长袍

61

▶ 阿摩斯·尼弗塔里（公元前1570—前1505）

王后的穿着是新王朝时代的风格：宽领、披袖、高腰长袍，系一条缀满珠宝的彩色腰带

 **知识窗**

王室服装

在古王朝时代（公元前2686—前2181），国王出席仪式时的服饰仍以简单的短束腰布为主要特色。然而到了中古时期（公元前2055—前1650），审美时尚发生了变化，统治阶层开始追求时装的精美。这一时期服饰的一个创新是硬长围裙，在或短或长的束腰布上形成一条挂带，用一条彩色装饰带固定。新王朝时期（公元前1550—前1069），时装更是发生了根本性变化，这时的服饰增加了长袍、女士无袖衬衫和各种束腰布花式图案。在古希腊-罗马时期（公元前332—公元395），时装出现了"复古"趋势，重又出现长束腰布。正如右图所示，法老在打败敌人后，穿上饰有花纹图案的服饰参加庆典。

妇女的服装时尚

妇女在中古时期以前一直穿简洁的单肩或双肩搭披肩的长外套,她们有时也把网眼短袖束腰外衣套在透明、长袖紧身外衣外面。

在新王朝时期,女式服装同男式服装一样发生了变化,变得更加宽松,增加了点缀,在胸下系花结,长及脚踝。衣料多采用亚麻,披肩和打褶成为时尚装饰,比如说,在长袖上打褶、上浆固定,产生出鸟翼的效果。这些宽松的服饰能够盖住乳房(之前乳房都是裸露在外)和左臂,只露出右臂。

知识窗

劳动者的服饰

手工艺人、农民和官员不同,他们的服饰是用不同织品制成的价格低廉的简单外衣。在用亚麻制衣之前,男子都穿用芦苇或棕榈树叶、皮子做的束腰外衣;放羊人、摆渡的船工和渔民就简单地披一块芦苇片,外扎一根皮腰带,还有很多人干脆裸身干活。直到中古时期,这种裸身干活的情况才消失。女磨坊工人、烧烤工和收获季节的帮工一般上身裸露,下身只穿一条长长的包住身体的裙子。

在官员和贵族家里干活的仆人穿着要比普通人好许多。图中描绘的是埃及十八代王朝时期的女仆身穿打褶的长及膝盖的亚麻短袖束腰外衣,腰部系一条打褶宽带。

◀ 节日盛装

像这幅壁画中的女人一样,在节日宴会等特殊场合,贵族妇女都要盛装出席

出席宴会等特殊场合时,要在头上戴一个不断散发香味的香水顶冠

戴着紧紧卷起的厚厚的长假发和精心修饰的头饰

亚麻长礼服,在腰部上方打上花结

上了彩釉的陶、黄金和五光十色的非稀有宝石等制成的手镯,配以重重的大耳环

搭在胳膊上的一支莲花,与整个装束浑然一体

◀ **女式亚麻紧身服**

这尊中古时期的雕像可见那一时期妇女的典型服装——亚麻布料的长紧身衣服,由一根带子系住,从胸部下长及脚踝。这个妇女还披着长长的头发,佩戴类似于宽领的项链和手镯、脚镯、脚趾戒指等

◀ **维齐尔的服饰**

这是一座中古时期维齐尔的铜像。他身穿经过浆洗的长袍,长袍背后用粗绳子系紧。图中维齐尔的衣服按水平方向一层层地打了褶

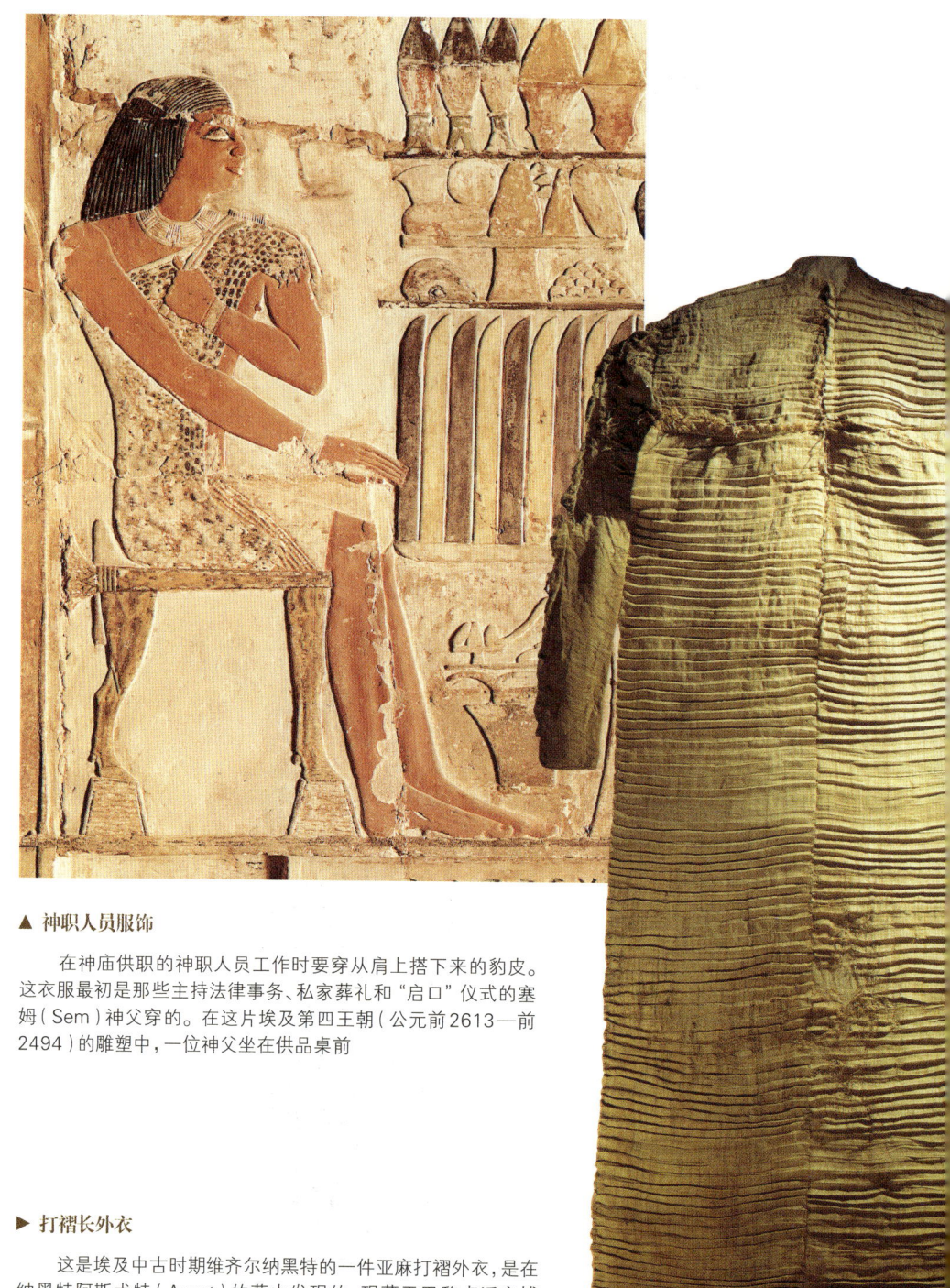

▲ 神职人员服饰

在神庙供职的神职人员工作时要穿从肩上搭下来的豹皮。这衣服最初是那些主持法律事务、私家葬礼和"启口"仪式的塞姆（Sem）神父穿的。在这片埃及第四王朝（公元前2613—前2494）的雕塑中，一位神父坐在供品桌前

▶ 打褶长外衣

这是埃及中古时期维齐尔纳黑特的一件亚麻打褶外衣，是在纳黑特阿斯尤特（Asyut）的墓中发现的，现藏于巴黎卢浮宫博物馆

化妆品和香水

对古埃及人而言，化妆品和香水绝不仅仅是个人装饰品，还与神和来世重生有关。

埃及人从很早起就开始使用香水。尽管那时香油和软膏已很普及，但人们也用从百合花等花中采集的香精。最早香水是用各种散发香味的植物制成，用于宗教仪式。庙宇中有专门的"实验室"，生产各种香料和香粉。许多配方流传至今，但也有一些已经失传。我们知道古埃及人喜欢能使空气长久香气四溢的香水。

神的香味

香（Kyphi）是埃及最知名的神庙用香，是用乳香、没药树脂、乳香树、松香、樟属植物、藏红花、桧属植物、薄荷，以及与藿香类似的甘松等草药和蜜合成制作的。烧香和供香意味着与神对话，有很多壁画都反映了法老烧香进贡的场面。

▶ 化妆品勺

这是两把精美的化妆品勺，用来把香料从大容器中盛出

▼ 药膏罐

据历史记载，很早以前就有化妆品，甚至是史前的人们就已很重视化妆品。巴黎卢浮宫展出的在史前内加达时期（公元前4000—前3100）墓中发现的这些石罐就是很好的证明

扇子用骆驼的羽毛做成

女仆递给女主人一个小香水瓶，另一只手用扇子扇，使香味散开

圆瓶中装的香水和香油一是用来喷洒于身上，二是用于喷洒在公主闺阁中，散发香味

公主最喜欢的狗坐在她的椅子下，给这一场面增添了神来一笔

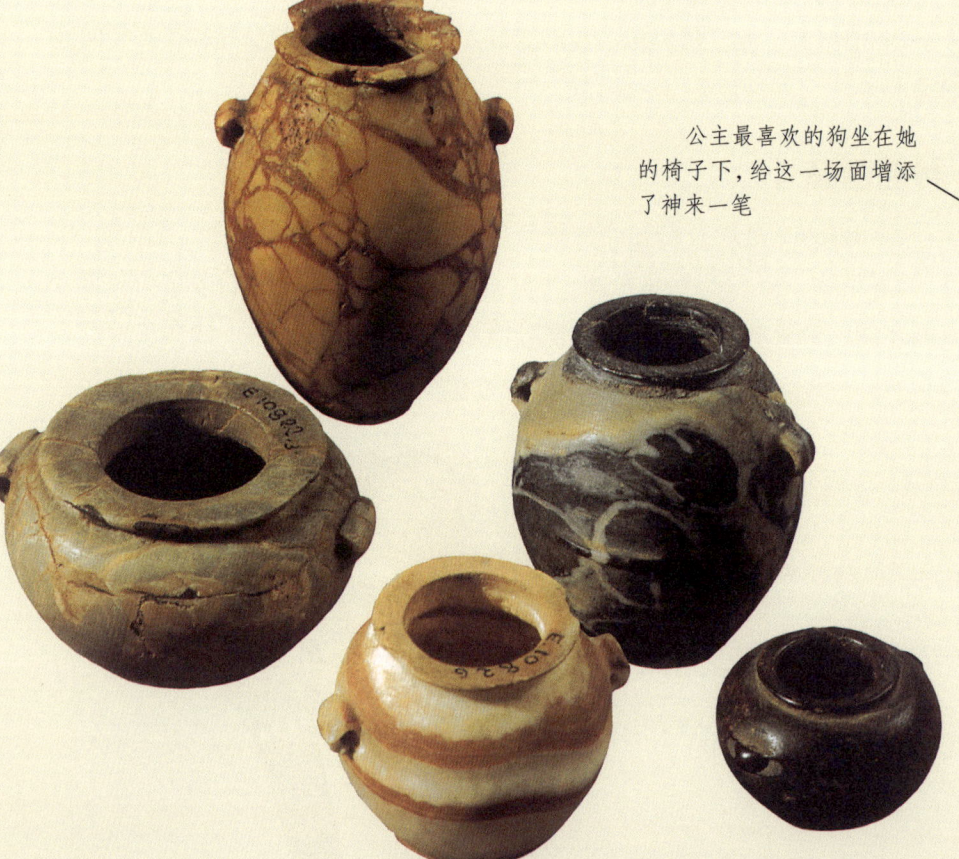

莲花浓重的香味总让人把它与性联系在一起。墓中的壁画和浮雕上常常画有莲花，它还是来世再生的象征

▼ **香水的力量**

墓中的浮雕反映了中古时期阿谢特公主坐在雕饰有狮头、狮爪的凳子上。埃及人认为，香味是上帝的礼物，通常在神庙举行仪式和吸引人时使用。香水和性以及重生的联系使它与来世有密切关系，所以人们在过去的随葬品中发现了许多软膏罐和香水瓶

▶ 手持化妆镜

古王朝时期的这面镜子是用磨光的铜制成，上刻有奈芙蒂斯（Nephthys）和欧西里斯（Osiris）人物像

▼ 双筒眼影膏盒

这是用木头和象牙做的双筒盒，可以拨动顶盖取眼影膏，盒后有个槽，用于插描眼影的棒

◀ 化妆盒

这个漂亮的木质化妆盒的底部画有几何图案，整个形状近似一棵棕榈树。这是在一座新王朝时期墓中发现的

在新王朝时期，人们开始在化妆和宗教仪式中使用香料。香油和软膏可以使皮肤免受烈日暴晒，但除了富人，极少有人能够买得起从国外进口的香料，比如从波斯进口的绿色波斯树脂和从利比亚进口的玫瑰香骆驼草。当时和现在一样，香水总是与性相连，在宗教事务中又是来世重生的象征。

化妆品——美的艺术

史前时期人们就已经开始使用化妆品，现已发现许多那一时期的化妆匙和化妆盘。古埃及人化妆的重点在眼睛，他们用绿色或黑色眼彩描画眼睛，以突出眼睛大小和形状。用绿色孔雀石磨成的颜料和水拌成的眼膏一直延续至古王朝中期。后来，绿色孔雀石被从西奈山区开采的方铅矿所取代。很神奇的是，描黑眼圈的涂料能防止眼睛受到阳光暴晒，防止灰尘进入，对蚊蝇叮咬后的感染有治疗功效。

▶ 眼影膏容器

这个容器上部的洞用于装眼影和眼影棒。容器外观的猴子有着"保护"的象征意义，比喻眼影膏可以防止眼睛感染

◀ 贝斯形象的罐

许多化妆品容器外观都是人物或动物形象。现发掘的埃及十八代王朝的彩釉陶软膏罐，外观是管理女人、孩子和性交往的矮神贝斯的形象。他的形象很适合做美化人体和增强性交气氛的容器

▶ 化妆调色板

调色板用于碾磨孔雀石或方铅矿，配成绿色眼影膏。这个盾形调色板顶部有两个鸟头形状，自史前时期就开始使用，具有宗教和魔幻的意义，大多发现于约公元前4000年时的古墓随葬品中

▶ 软膏罐

装软膏和香油的容器形状、大小各异，有的是用珍稀材料制成，比如玻璃或雪花石膏，但更常见的是上蓝色彩釉的陶罐

▼ 罗马时期（公元前30—公元395年）的木乃伊面罩

第一过渡时期（公元前2181—前2055）开始有木乃伊，墓中面罩以让人辨认用亚麻包裹的尸体的真实身份。这个罗马时期的面罩用埃及的典型方式勾勒了眼睑，描绘了眼眉，这种画法远比传统古埃及面罩显得更真实、更生动

眉毛经过精心梳理。黑眼影经常被涂在眉上，以突出眉毛

在眼睑上涂上眼影，使眼睛显得更大，还能保护眼睛不被感染

从罗马时代的木乃伊面罩看，早期人更喜欢古典的而非理想化的形象

埃及的罗马人使用口红，但从发现的法老时代的壁画浮雕和木乃伊面罩上，看不出那个时代的人有使用口红的迹象

卫生保健

在埃及,酷暑和卫生问题并存,人们想方设法洗去身上的尘土。他们的日常活动包括刷牙、洗澡、洗头、清理手指甲。

考古学家在位于哈布城(Medinet Habu)的拉美西斯三世(公元前1184—前1153年在位)宫殿的遗址中,或在阿玛尔纳豪华别墅里,甚至是在中等阶层人士的住宅中发现了洗澡堂,更准确地说是洗漱间,四周是用石灰石板贴面的防水的泥砖墙。古埃及人不泡澡,而是用大壶装满水,从头上往下浇,或让仆人为他们做这一切,有时候是用扎满小眼的容器装水冲洗,这就是淋浴头的前身。洗澡堂的地面倾斜,脏水可以顺势流走。

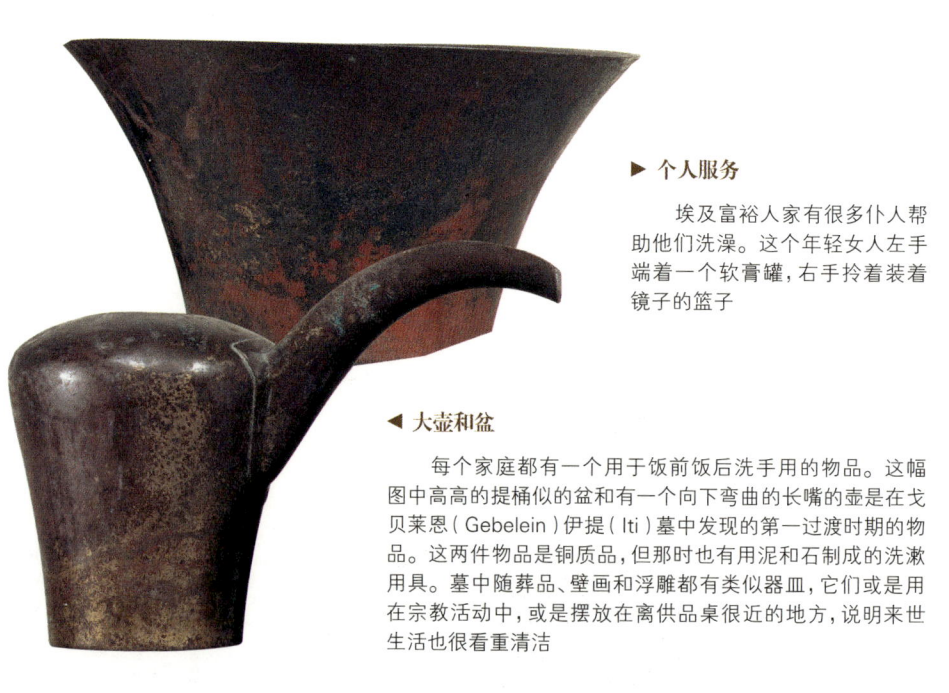

▶ 个人服务

埃及富裕人家有很多仆人帮助他们洗澡。这个年轻女人左手端着一个软膏罐,右手拎着装着镜子的篮子

◀ 大壶和盆

每个家庭都有一个用于饭前饭后洗手用的物品。这幅图中高高的提桶似的盆和有一个向下弯曲的长嘴的壶是在戈贝莱恩(Gebelein)伊提(Iti)墓中发现的第一过渡时期的物品。这两件物品是铜质品,但那时也有用泥和石制成的洗漱用具。墓中随葬品、壁画和浮雕都有类似器皿,它们或是用在宗教活动中,或是摆放在离供品桌很近的地方,说明来世生活也很看重清洁

与此相反，社会底层人家中根本就没有卫生洗浴设施，考古也没有发现任何关于法老时期公共洗澡堂的遗迹。这并不是说普通人不洗澡，许多古埃及洗手间残片都证明当时的人们非常重视清洗和化妆，但他们一般都是在户外，或是在尼罗河里洗澡，或用小碗舀水洗脸、洗手、洗身子，或是把身上的泥抠掉。通常是女人用大陶罐把水从河里或井里端回家。

▼ **油和软膏**

从油脂中提炼的软膏，从植物和动物身上提取的油是古埃及人身体护理的重要材料。那时没有香皂，洗澡的人就把油脂和白垩或石灰石粉和在一起用。其他一些软膏也可以使皮肤在埃及干热的气候中感到清新凉爽，还可以把油质清香剂抹在身上，使身体清香。这些软膏都放在珍贵的罐中。下图中仆人端的罐都是用来盛装圣油的

深的圆锥罐盖上平盖后，上面还可以放小一些的圆形容器，用来放为皮肤增加水分的香油

把散发香味的圣油洒在主持宗教仪式的神父身上或与酒一起祭给神和死者

这些端着油罐的年轻女子是曼图霍特普二世女儿的仆人。这是雕在她的石棺上的一尊浮雕

▶ **脚形陶土盆**

在古代墓中有时可以发现脚形陶土盆。这种陶土盆大概是人们在进入圣地之前用来洗脚或涂油的器皿,水或油就泼在脚上。在古埃及,脚受到人们的关注,但并非是宗教意义上的关注。在古王朝时期的维齐尔普塔霍特普的墓中发现的壁画就有修剪脚趾甲的情景

◀ **足的浮雕**

第四代王朝拉霍特普(Rahotep)王子的平顶斜坡墓中有一座浮雕,浮雕中有一个类似于左图的盆,但其中有两个足托,顶部还有一个圆锥形的器皿。人们认为这个圆锥形的器皿或是盛洗脚水的盆,或是盛涂脚油的油壶

知识窗

宗教沐浴仪式

只有法老和祭司才能进入埃及神庙。进入圣殿前,统治者和神父都必须经过洗礼,世俗世界的任何东西都不得带入圣殿。公元前5世纪的希腊历史学家希罗多德(Herodotus)曾写道:"神父每3天就要刮一遍全身,这样在敬神时,身上就不会有虱子和其他小虫。他们每个白天和每夜都要各洗两次。"这一风俗在大约公元前3100年埃及第一朝代创建者那尔迈(Narmer)的壁画中得以反映。壁画中有一仆人拿着法老在进入赫鲁斯神庙进贡前洗礼用的拖鞋和水罐。

宜人的香味和清洁同等重要。香油精是人们常送的礼品,用没药树脂、落叶松浆果、蜂蜜、香料和其他一些配料制成,也能够去除口臭。浴后通常要用化妆品。这些都能有效地改善人的外观,有的还有实用意义。在古王朝时期早期,埃及人普遍使用以绿色孔雀石为底色的眼影霜,后来被以方铅矿为底色的黑色眼影霜取代,这种眼影霜会使眼睛显得大,还可以起到天然消毒剂的作用,防止眼部感染和埃及强烈日光的暴晒。

家庭垃圾

古埃及处理家庭垃圾的方式与我们今天的方式很接近,或者是将其埋入垃圾场地下,或是堆放,还有一些被倾倒进流动的水中。有的垃圾堆相当大。阿肯纳顿时期王室宫殿中的一个垃圾堆就有200米×120米大小,考古学家们在里面发现许多可供研究的东西。在德尔麦迪那村遗址旁的发掘中出土了成千上万片陶片,这对研究住在周边人们的日常生活提供了极大的帮助。

▶ 宜人的香味

这座浮雕讲述的是一对夫妻在享受备受古埃及人喜爱的蓝莲花所散发出来的香味。莲花之所以为人所喜爱，一是由于它那令人陶醉的甚至能起到治病功能的香味，二是它本身就是再生的象征——花朵在夜晚闭合，翌日清晨在太阳升起时绽放

◀ 看上去完美

完美的化妆离不开镜子。镜面是用精心磨光的铜、青铜和银等金属做成的。大多数镜柄都经过装饰，通常雕刻成严厉的保护神贝斯或裸体女人的形象

▶ 眼部化妆

埃及人无论男女都使用眼影。眼影和其他化妆品一样普及，通常装在小圆瓶里

◀ 碗

这是在一个古埃及官员墓中发现的两个小碗，一个是埃及彩陶制品，一个是方解石雪花石膏制品，可能是饭后用来洗手的器皿，也可能是用做茶具的。这两个小碗现藏于剑桥博物馆

曾经在尼罗河沿岸野生的蓝色长茎睡莲由于花香四溢而备受喜爱

装眼影的容器放在一双拖鞋旁,镜子放在了女人的椅下

一条与现代猎狗相似的猎狗坐在主人的椅下

▼ 来生的化妆用品

古埃及人认为化妆品如同其他物品一样是生活中必不可少的,在来世也同样重要。富裕人家的随葬物品中有大量的化妆品。用于装化妆品的是木盒或一些编织物。大多随葬品中都有各种用石头、玻璃和彩陶制成的眼影容器,还有梳子、发夹、铜或青铜镊子,刮胡刀和小磨刀石等。化妆品通常与刻有保证现世健康和来世再生的圣甲虫护身符放在一起

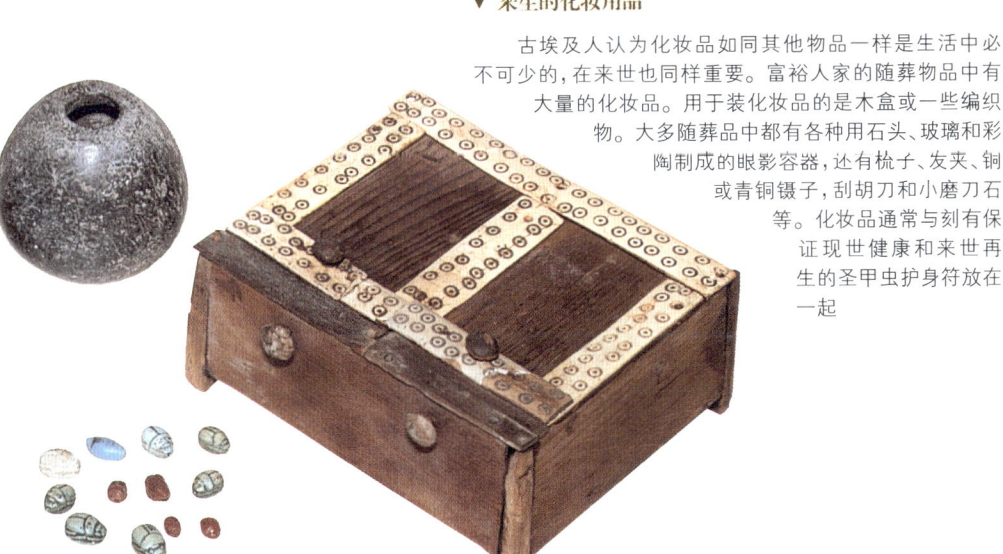

▲ 头发护理

考古学家在年代约为公元前5500—前3100年的古墓中发现了用木头或骨头雕刻而成的梳子。大多数保存至今的梳子上都刻有图形。这把现藏于巴黎卢浮宫的洋槐木梳子把上,雕刻的是一只跪在地上的小绵羊。精美的雕刻使这把梳子由日常用品而成为一件艺术珍品

◀ 考古学家在史前时期后期的古墓中发现了有着精美雕刻匙把的调匙。它们大概专门用来向神呈递珍贵的香料,而不是普通的日常用品

▲▶ **刮剃刀**

各种形状的刮剃刀是用来刮剃头部和身体上的毛发以及修面用的

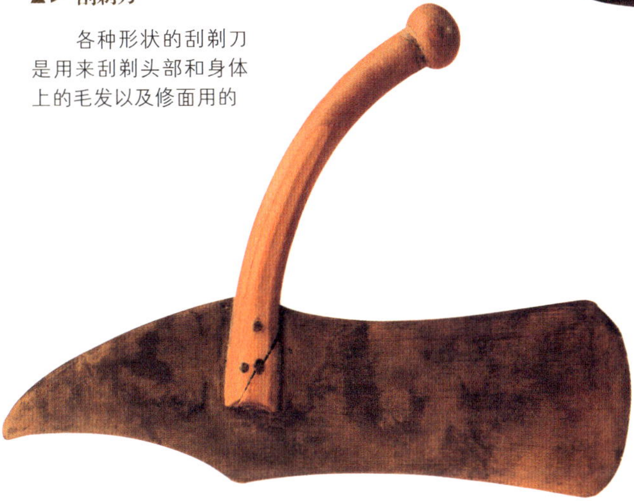

▶ **镊子**

镊子有两种，一种是尖头，一种是宽宽的平头

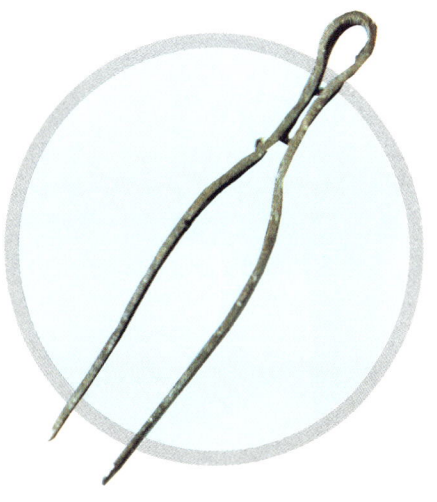

金匠和宝石匠

早在公元前5000年以前，尼罗河沿岸地区就出现了用珠子、植物种子和各种磨光石制作的带子。大约自公元前4000年起，古埃及人就开始用金、银和铜制作珠宝饰物。

在古埃及，男人和女人都佩戴珠宝饰物。珠宝饰物不仅仅是装饰品，还起着护身符的作用。从目前发现的饰物看，品种多样，有戒指、脚镯、臂环、腰带、十字架、长项链、短项链、王冠状物、耳钉、耳环和头饰等。

从阿富汗进口的光玉髓、绿松石、长石；绿色和红色碧玉；紫晶、石英、玛瑙和天青石等彩色宝石，是当时最常见的装饰品原材料，但也有一些是彩色玻璃和彩色宝石仿制品。许多宝石来自埃及沙漠地区和西奈半岛。

人们在远离埃及的地方和努比亚发现了一些金矿和铜矿，但在新王朝时期（公元前1550—前1069），由被占领国向埃及进贡金子。

在古王朝时期，墓冢中壁画和浮雕中最常见的主题就是珠宝制造。从浮雕中能看到制造金子、穿珍珠和项链的过程。法老的工匠或护身符的制造者，或宝石匠和金匠在当时颇受人们的尊敬。

用天青石和玻璃制成的眼睛和眼睫毛嵌入薄薄的面罩镀金层下

金匠把面罩的肩部打制成宽宽的花环，即埃及领

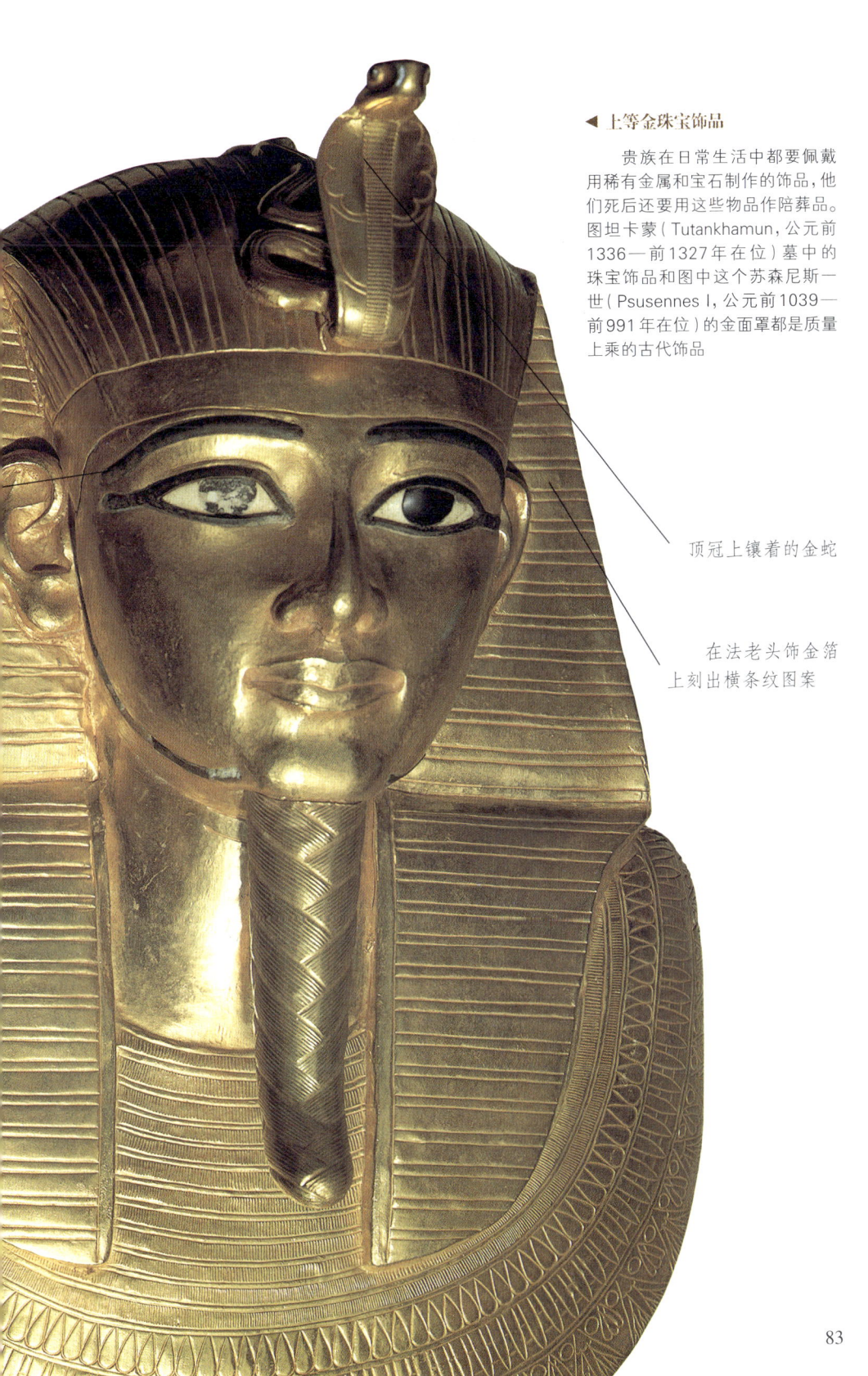

◀ **上等金珠宝饰品**

贵族在日常生活中都要佩戴用稀有金属和宝石制作的饰品，他们死后还要用这些物品作陪葬品。图坦卡蒙（Tutankhamun，公元前1336—前1327年在位）墓中的珠宝饰品和图中这个苏森尼斯一世（Psusennes I，公元前1039—前991年在位）的金面罩都是质量上乘的古代饰品

顶冠上镶着的金蛇

在法老头饰金箔上刻出横条纹图案

◀ 猎鹰胸饰

这枚胸针的羊头金猎鹰的双翼上镶嵌有天青石、光玉髓和绿松石。这是在萨卡拉塞拉皮雍（Serapeum）神庙发现的随葬品

 **知识窗**

在努比亚矿中采掘的稀有金属——金子

在埃及，金子的主要产地是位于基纳城（Qena）和红海之间的瓦迪哈马马特（Wadi Hammamat）。但在法老征服了努比亚之后，埃及人仿佛一夜之间就拥有了丰富的稀有金属资源。古埃及人把金子叫做"Nub"，甚至还把阿斯旺南部产金的地区叫做"Nub"。

古埃及人精心组织了远离尼罗河的金矿采掘。阿拉伯半岛和北非沙漠地区的游牧民族贝都因人（Bedouin）对这些金矿的矿址了如指掌，对沿线的水源也非常了解，所以埃及人就雇佣他们做向导。下图中这个沙漠中的土石堆就是当时的路标。

金饰品的制作

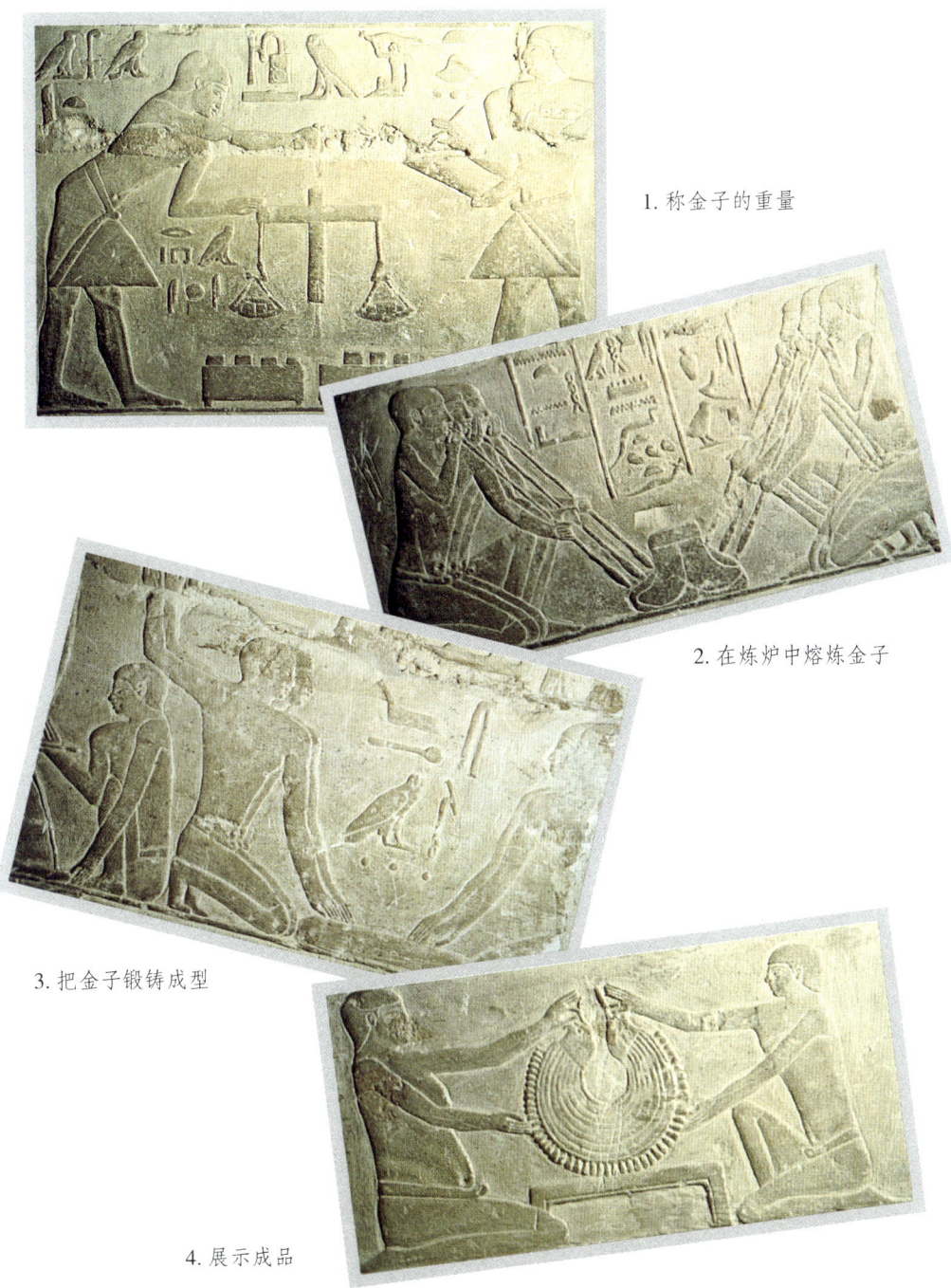

1. 称金子的重量
2. 在炼炉中熔炼金子
3. 把金子锻铸成型
4. 展示成品

书吏

埃及的稳定和繁荣都源于埃及的僧侣统治制度，能高效管理国土、资源和民众，高度集中、等级森严。位于这一等级制度最上层的就是直接与法老联系的高级书吏。

▲ 提拖鞋者

从埃及最早期的文字壁画看，服侍法老的人都受到人们的尊重，但用现代人的眼光看，他们不过是奴仆而已。上图是大约公元前3100年前的那尔迈墓中的提拖鞋者雕像

因为法老要处理大量宗教、管理、法律、军事等方面的事务，不可能做到事事亲力而为，所以他就把一些事务交由高级管理人员处理。从古王朝（公元前2686—前2181）初期起，全部的地区管理权就交由官级仅次于法老的维齐尔。这一职位非常重要，也难以胜任，所以自古埃及第十八王朝（公元前1550—前1295）起，这一职位就分成两个，由法老亲自为上埃及和下埃及各任命一位维齐尔。

维齐尔的选拔

维齐尔管理、管辖所有土地，还代表法老的意愿出任大法官。这一职位的重要性和把大权集中于一个人之手的危险性，意味着法老只能把这个职位交给他非常信任的男性。

书吏的生活

在底比斯发掘的尤塞赫特（Userhet）的墓中发现了身居高位的官员的日常生活用品。尤塞赫特是阿蒙霍特普二世（公元前1427—前1400年在位）时期军队中的书吏，主要负责军队征募新兵的工作。在这幅墓中壁画上，尤塞赫特正在召见对他毕恭毕敬的征兵人员。壁画不仅反映出尤塞赫特的工作情况，还反映出他的日常生活，比如他对在沙漠中打猎的强烈爱好。

尤塞赫特身穿一条军队短缠腰布和一条长腰布，走上前去同士兵打招呼

新手等候尤塞赫特的召见

跪在尤塞赫特前，表示出对王室书吏的感激之情

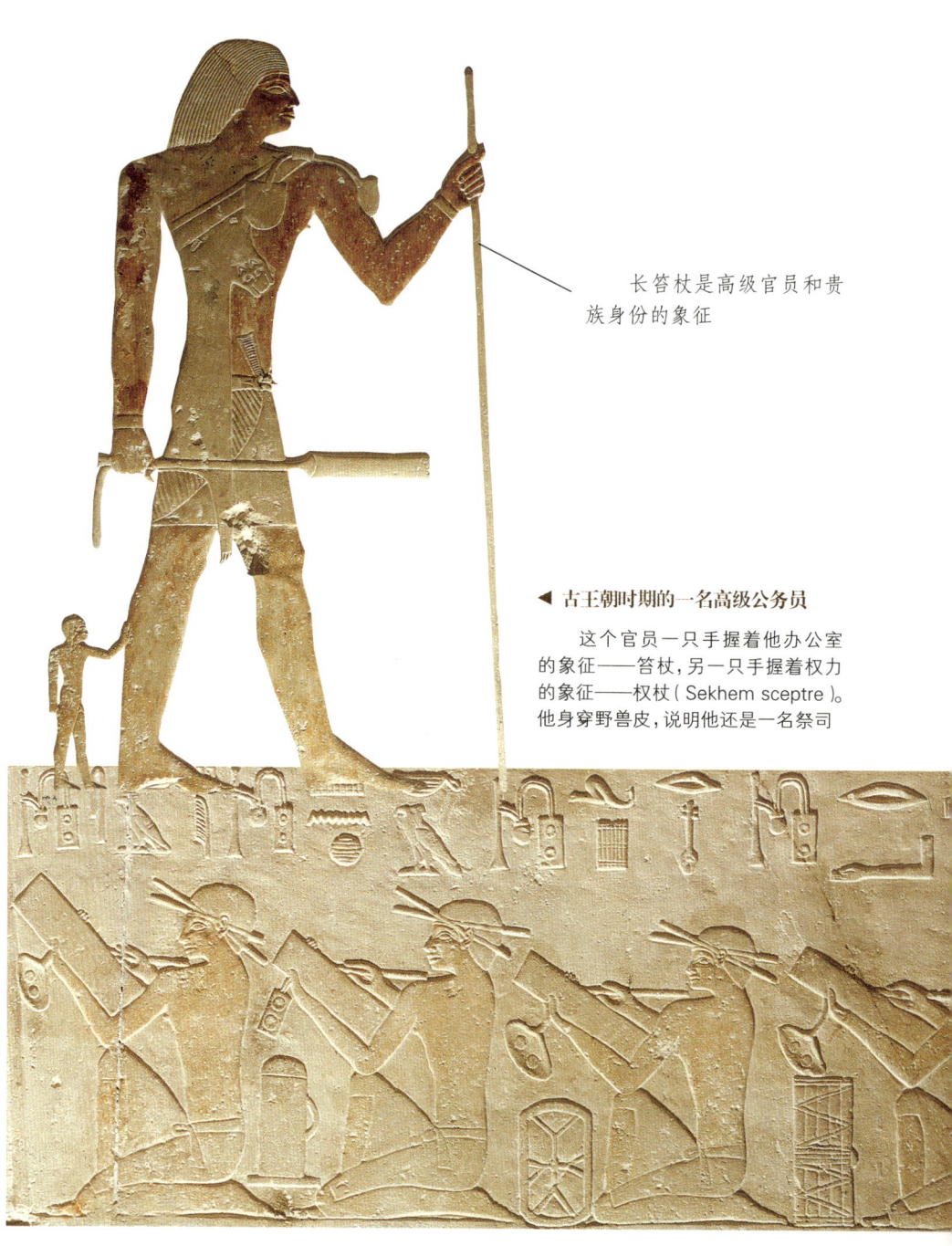

长笞杖是高级官员和贵族身份的象征

◀ 古王朝时期的一名高级公务员

这个官员一只手握着他办公室的象征——笞杖,另一只手握着权力的象征——权杖(Sekhem sceptre)。他身穿野兽皮,说明他还是一名祭司

▲ 古王朝时期的书吏

书吏属"步兵"中的文职官员,在现已发掘的浮雕壁画中,他们都是以紧张工作的姿态出现。左起第二个书吏面前有一个笔盒,右起两个书吏面前各放了一个用于传送和存放书写材料的袋子

▲ 维齐尔赫米尤姆（Hemium）

维齐尔赫米尤姆（Hemium）是胡夫的侄子，掌管着几个主要职位，其中包括维齐尔和法老的书吏总管等职。他还掌管法老建筑项目，组织管理埃及大金字塔的建筑工地

◀ 总管家塞恩穆特（Senenmut）

出身低微的塞恩穆特后来成为地位仅次于哈塞普苏（公元前1473—前1458年在位）、在全国最有影响的人之一。他是阿蒙（Amun）的管家、建筑负责人，还是王后独生女儿尼费鲁拉（Neferura）的家庭教师

工人和管理人员

农民、家奴、手艺人不能只考虑到价钱的高低而自由选择服务对象,他们只能为国家、法老、神庙和高级官员提供服务。

古埃及的工人和农民的身份等同于奴隶,为法老财产的经营管理人和神庙提供劳动服务。当法老指定了身边的工作人员后,法老就会允许他们使用王宫内的财产,使用住在王室内的人。家庭内的企业有着严格的等级制度,谁也不能直接操纵控制企业,经管人或领班要负责整个企业每天的业务平衡运行,同时还要有书吏记录报告。

▲ 工头

公元前2030年建在阿拜多斯(Abydos)的石碑充分展示出伊尔蒂森(Irtien)的才华,他不仅领导着国王手下的设计人和制图人,还精通雕刻金子、象牙、乌檀和宝石。如同这幅画中所反映的一样,手艺一般由父亲传给儿子手艺人组成小组在车间作坊里干活,没有单兵作战的情况。通常,有经验的和有突出才华的手艺人都被选为监工,希望他们能有机会将自己的技能传授给他人。因为在车间里的工作都是同时进行,所以亲手教授的机会很少。比如,年轻的雕塑家做出的宝石作品粗糙,而经验丰富的同事做出的就是晶莹漂亮的作品。其他工匠对雕塑品进行加工后,就由画家完成细部,最后定型。技艺最好的工人都在王宫和神庙的车间干活。

车间里通常都有书吏,他们要记下每天的工作量,精确计算一件产品需要多少材料,因而有效避免木材、石料、宝石这些珍贵资源的浪费和不当使用。

- 这座石棺上雕刻有王室的谷仓
- 书吏负责往谷仓里存粮和记录粮食的数量
- 农民在书吏和监工的严密监视下用称粮容器往粮仓内运粮
- 反映工人们正在工作的墓中雕饰并不鲜见,但却很少在石棺上反映出来

▲ 管理等级

管理土地和车间的人并不直接管理工人,而由介于主人和工人之间的管理人和监工负责把工头的指令传达给工人,还负责监督工人执行命令。管理人或监工要负责企业每天的正常运行,而书吏则负责检查和记录工作的进展。这座卡维特(Kawit)公主(大约公元前2055—前2004)石棺中的浮雕反映的是农民正在称粮食的情景

▲ 监工

　　监工与法老一样，在浮雕中所占比例远大于他们手下的工人和书吏，手中的长棍是他们权力的象征

▶ 家奴

　　墓中经常有反映成队的奴隶把他们的产品呈现给主人的壁画。从埃及自由人和奴隶中招募的仆人进宫后分别从事洗衣、做饭或服侍主人等工作

▶ 船工

　　从墓中发现的画和雕塑都能反映出人们在工作状况下的等级制度。在这艘船上，站在船底层的划桨手就是简单劳动者，以及地位低于舵手、负责升降船帆的人和站在船头的船长。船上身份最高的是乘客和船主，他们坐在船头豪华小包间内

▲ **法老和教士**

在大神庙中司职的神父，如在卡纳克（Karnak）的阿蒙、在希利奥波里斯（Heliopolis）的拉和在孟菲斯（Memphis）的布塔（Ptah），都按严格等级制度，直接受法老领导的最高神父管理。这座浮雕反映的是法老（见上图）在向阿蒙进贡；4名身着长至膝盖的短袖束腰外衣、剃了光头的神父在接受物品

土地的回馈

几千年前古埃及人在上埃及和尼罗河三角洲一带使用的农耕方式至今仍在埃及乡村流行。

希腊历史学家希罗多德（Herodotus，公元前484—前420）曾说过："在埃及的任何地方，都不会像在尼罗河和下埃及一样，轻易产出庄稼。"而实际上，这里的农业条件极其艰苦，农民不过就是劳动者而已，因为所有产品都要交给法老或神庙。农民还要负责渠道的灌溉系统。

每年6—8月是尼罗河的汛期，当洪水退去，就要增高渠坝，蓄洪6周左右，才把洪水放掉。每年10—11月，进行第一次人工播撒，山羊、绵羊、猪等家畜被放到田里把种子踩实。

▲ 运水工

人力用扁担把水挑到地里，浇溉夏季农作物和蔬菜园中的蔬菜，是古埃及最早期的灌溉方式

▼ 灌溉方式

利用截水沟（一些小沟渠，有水道通往尼罗河取水）和"桔槔"（shaduf，一种可将水从河里舀到田边集水沟的配重水桶）进行农田灌溉。桔槔其实就是一头悬吊一只水桶，另一头压着一根保持平衡的长木杆。最早于公元前1500年在埃及使用，但在1 000年之后被阿基米德改进成扬水（Archimedes water screw），后又改为由牛驱动水轮。如今在埃及，仍有一些地区用小桔槔灌溉土地（见下图）

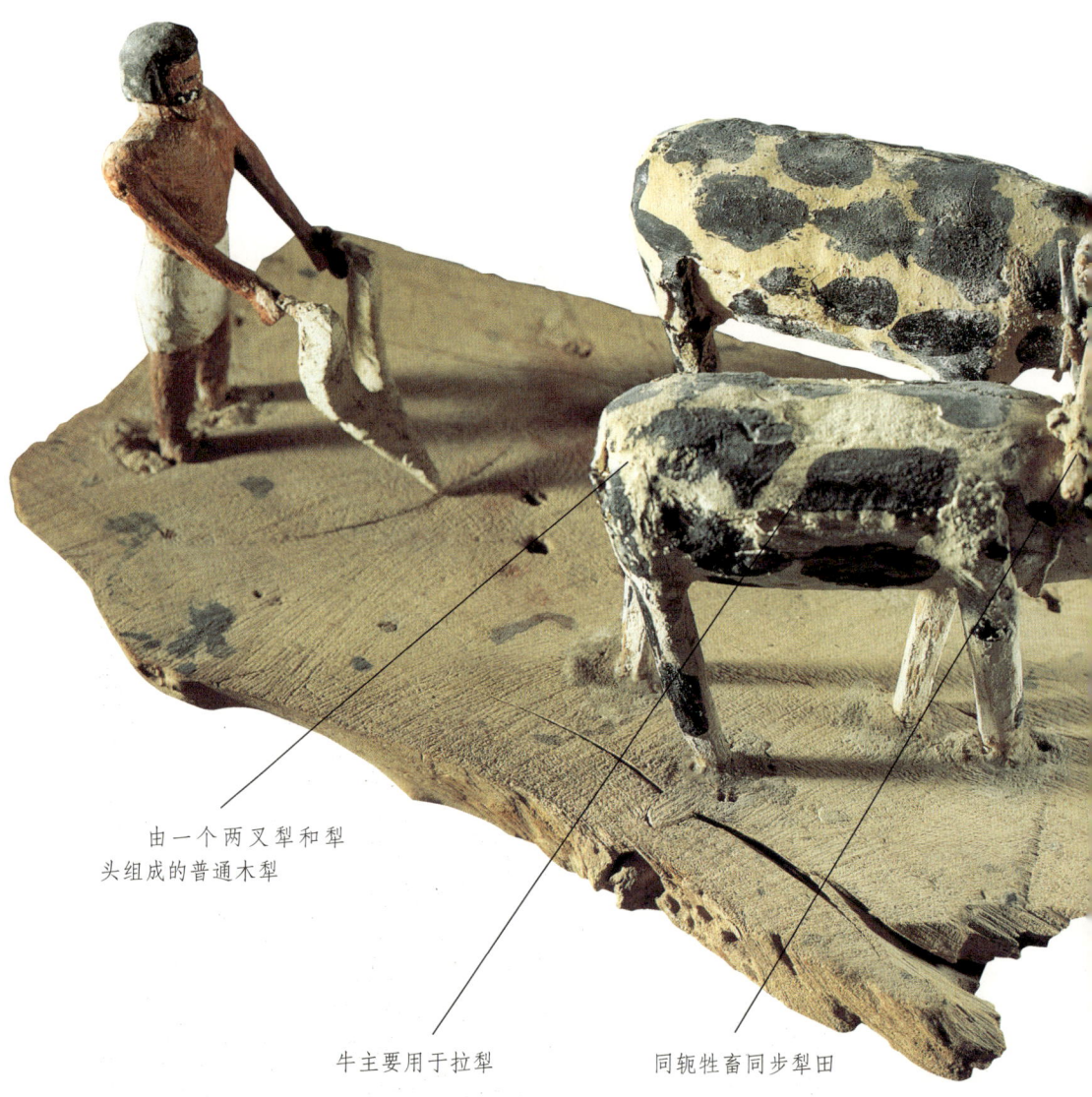

由一个两叉犁和犁头组成的普通木犁

牛主要用于拉犁

同轭牲畜同步犁田

▲ 犁田和播种

要在播种前耕犁土壤,一般都用驾轭的牛进行犁地。埃及人也常用锄头翻耕土地,因为要获得国家或神庙的允许,农民才可使用牲畜耕地。为防止地下水的蒸发,只能耕犁最靠近地表的一层土壤。犁过地之后就人工播种,然后由各种动物把播下的种子踩实

▲ 耕种

如今的埃及和古埃及一样,人们仍在埃及肥沃的黑土地上用牛拉着犁耕地。现在阿拉伯骆驼也成为拉犁队伍中的新成员

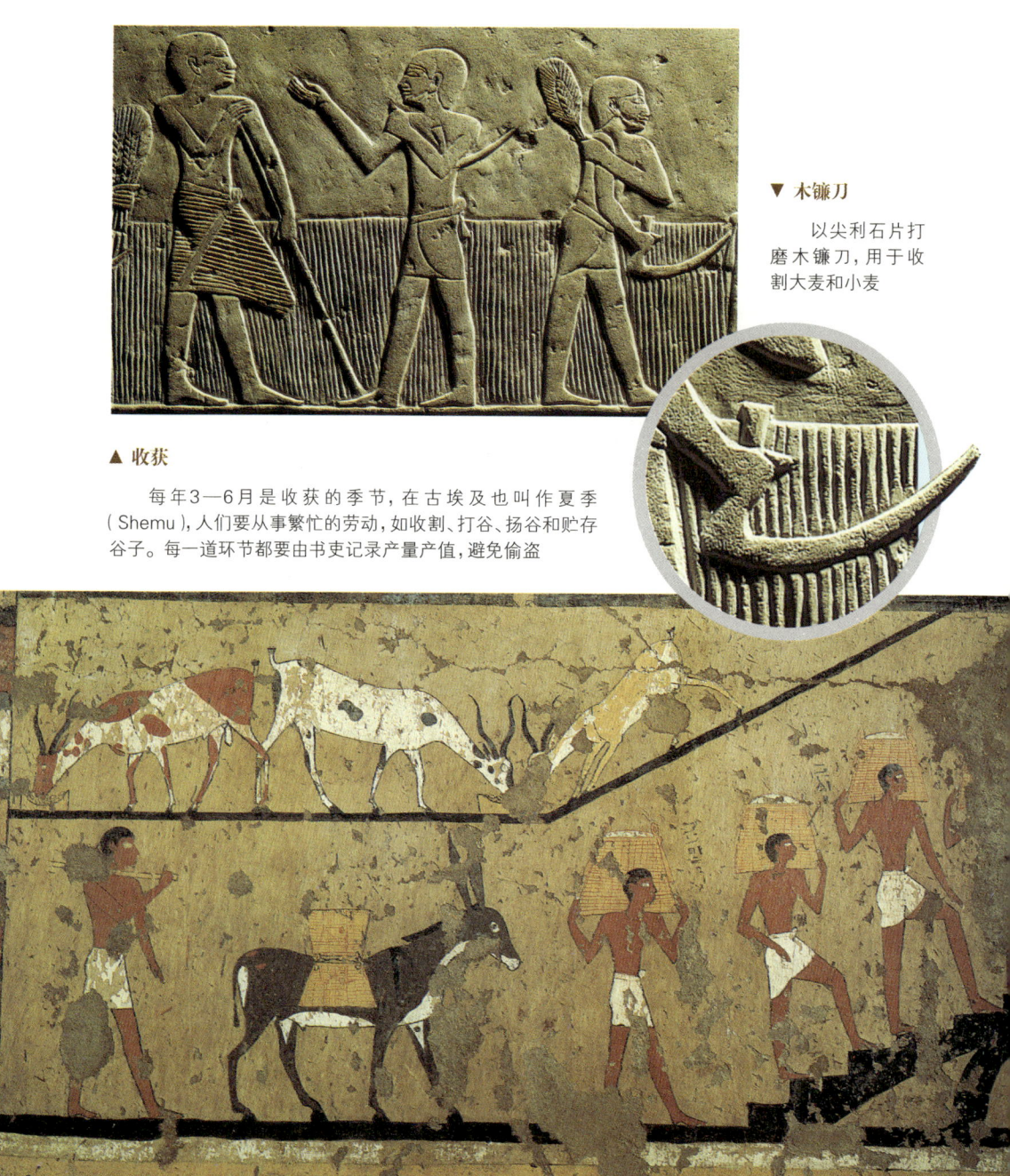

▼ 木镰刀

以尖利石片打磨木镰刀，用于收割大麦和小麦

▲ 收获

每年3—6月是收获的季节，在古埃及也叫作夏季（Shemu），人们要从事繁忙的劳动，如收割、打谷、扬谷和贮存谷子。每一道环节都要由书吏记录产量产值，避免偷盗

▲ 从田里到打谷场

谷子捆好后就用筐送到打谷场，均匀地撒在地上，任由牲口踩踏，达到脱粒的目的。然后用木锨扬谷，再把落地的谷子收起来。这幅壁画反映的是一头毛驴和几个劳动者带着谷子走向粮仓的情景

相关链接：以家庭为单位进行田间劳动

男人和孩子都参加田间劳动，只是在分工上有所不同。收割之前，全家人一起把牲口从田间赶跑。

犁田和收割主要由男子负责，女人主要是播种，帮助男人做一些收割时的杂活，如捆麦子、打谷、扬谷等。孩子则在田间穿来跑去，拣拾麦穗。

目前已发现很多墓中壁画都反映出古埃及男女从事田间劳动的情景。现存于开罗埃及博物馆内的这些画面（见下图）表现的是古埃及人犁田、播种（上）和收割（下）时的情景。

古埃及主要的粮食作物是一种麦子，也叫作二棱小麦。古埃及人还种植亚麻。麦子用来磨面和酿酒，亚麻用于生产亚麻布和榨亚麻子油。

古埃及人还种植豌豆类植物，通常在夏季种植，需要人工灌溉。大蒜、洋葱、小萝卜、大白菜、莴苣和黄瓜等蔬菜，通常都种在小块地里。法老的书吏要准确记录下产量，没有完成任务指标的农民要受到惩罚。

▼ 粮食

粮食通常堆放在谷仓、国家的粮库和神庙中，以备粮食紧缺时，法老和神父从中调出，救济民众。而且，包括农民、士兵、手工艺人和神父在内，所有干活的人领到的薪水都是粮食。用干燥的泥砖修建的高高的粮库易于通风，适合长时间存放粮食，但一般家庭都把粮食存放在石罐中

古埃及已经开始使用形状不同的泥造储存罐，用于储存酒、油和粮食

书吏负责记录进出粮仓的粮食数量

农民把扬后的谷子装袋运到谷仓

▶ 粮库

经过打谷、扬谷后的粮食，通常贮存进像蜂房似的筒仓里。筒仓顶部有个洞，可以透过洞向里装粮食。筒仓底部有一扇小门，可以从里面取出粮食。古埃及人把类似于这样的筒仓模型放在墓中，以表示要为死者的来生提供粮食

▲ 面包和啤酒

谷物在古埃及人的食品中扮演着特殊角色。古埃及人食用的面包是由二棱小麦和大麦做成的，稍稍烘烤过的面包片在水中浸泡后还可以酿酒。在淡淡的"啤酒"中再加入椰枣，不仅富含蛋白质和维生素，而且还不容易变质

动物饲养

像埃及这样十分依赖农业的国家,农耕和饲养家畜可以为人们提供稳定的、充足的粮食保障,是经济的重要支柱。

古埃及的家畜驯养始于前王朝时期(公元前5500—前3100),约公元前3000年,开始了牛、羊、猪、驴和鸭、鹅等禽类的饲养。牛在尼罗河谷和三角洲一带的牧场上吃草,不仅为人类提供肉、奶、皮革,还为人类拉犁、载物,成为最重要的家畜。大多数牛归王族、神庙、高官所有,也有一些农民养牛耕地。作为衡量财富的重要砝码和食品的来源,牛的作用非常重要,所以每天都要由书吏统计牛的存栏数。在古王朝时期(公元前2686—前2181),统计牛的存栏数显得如此重要,以至于用此统计法老的任期时间。当时牛肉昂贵难得,只有在特殊场合才能品尝得到。牛肉也是在神庙向神进贡和送已故之人迈向来生之路的供品之一。

▲ 牛的繁殖

除了当地的长角牛(如上图),埃及在新王朝时期还从巴勒斯坦、叙利亚和蓬特(the Punt,东亚)引进了各种短角牛

▲ 挤奶

无论是母牛还是公牛都可以为人类提供劳动、产肉和皮革,母牛还可以产奶,所以牛为人类所看重。这幅在德尔巴哈里(Deir el-Bahani)发现的浮雕,牧民正跪在地上挤奶,小牛则被拴在母牛的腿上

知识窗

动物标识

属于神庙和宫廷的牛经常由书吏清点、记录,新出生率要预先计算出来。每一个神庙和法老的农场都有自己的标识符号(见右图),在清点牛的数量时要在小牛身上印上标记。标记在租借牲畜干活过程中尤其重要。如果牲畜在干活时死亡,就要向对方出示印有标识的皮,这样就可以避免赔付的损失。

看护牲群

牧民挑选健康的动物进行繁殖，帮助它们产仔，还要为母牛挤奶。在寻找新的牧场的途中，经常要帮助牛群一起过河。过河对于人和家畜都很危险，因为经常发生鳄鱼伤害人畜的情况。

手杖是牧民的必备物品，还可用来挑东西

牧民用手杖挑着奶罐

牧民常常赤身裸体或只穿很少的衣物，随牧群一起到很远的牧场

牧民过着游牧生活，他们带着睡袋四处寻找牧场

羊能为人类提供肉和奶，可以在水草并不丰盛的土地上生存成长，因而被人类大量饲养。但是，羊毛并没有被广泛应用于制衣，亚麻依旧是当时人们衣服的主要材质。由于猪在宗教方面被认为"不洁净"，所以在目前发现的浮雕壁画中比较少见。但猪肉是当时埃及社会底层人们饮食中重要的食物种类。

家禽

在中古时期（公元前2055—前1650），家禽在家畜中的地位迅速攀升，人们开始在场院水池中用粮食喂养鸭鹅，而鸡则是到了托勒密时期（公元前332—前30）才从国外引进来。

让牛紧凑地一个挨一个地快速过河，以避免水中隐藏的危险

牧民身背头牛的幼仔走在前面，母牛和其他成员紧随其后过河

相关链接 驯养家畜

在古王朝时期，人们就曾尝试驯养鹤、牛鹭、羚羊和瞪羚羊等动物，人们强行给它们喂食，以将它们驯化，但未获成功。新王朝时期人们还在猎杀动物，仍然没有动物被驯化的记载。下面关于羚羊的画面是伊波利亚·罗塞利尼临摹了萨卡拉王宫官员梅勒鲁卡（Mereruka，大约公元前2350年）的墓中墙上的浮雕。

▲ 载物的牲畜

　　一种努比亚野驴被用来驮运物品和干一些耕种、打谷等农活。

山羊和绵羊

山羊和绵羊的区别就在于羊角。比如,到了大约公元前1700年时,主要的绵羊品种的角都像螺旋似的扭曲,之后出现的品种顺耳线长着一对卷曲的角。从这幅在萨卡拉的墓中发现的浮雕上,我们看到的羊有着长长的、多毛的直角。

山羊啃食植物嫩枝,对植物造成破坏

由于每年都不断有小羊出生,羊的种群不断扩大

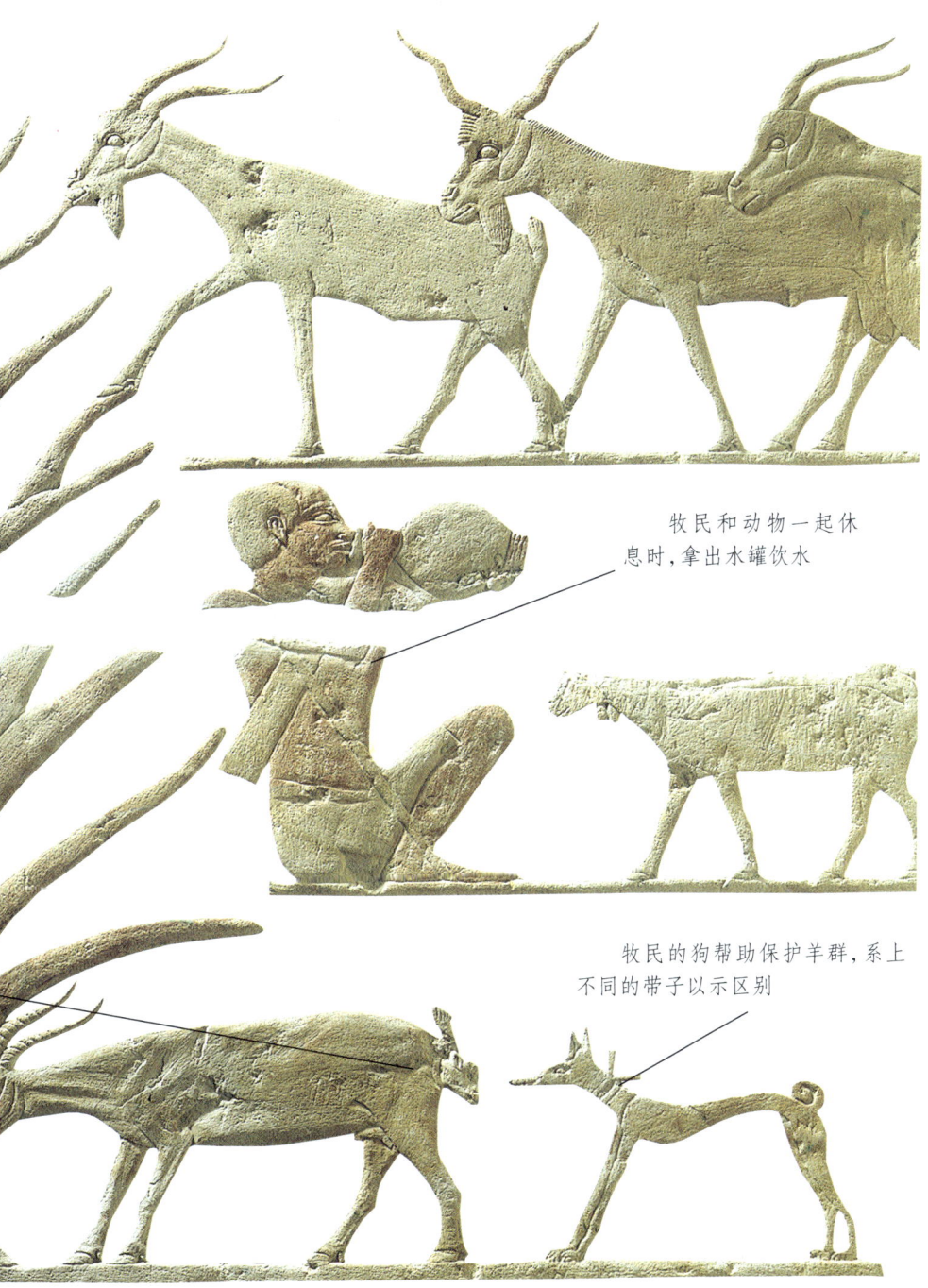

牧民和动物一起休息时,拿出水罐饮水

牧民的狗帮助保护羊群,系上不同的带子以示区别

▼ 现代埃及的动物饲养

如今牛和羊仍然是埃及最重要的家畜,许多埃及农民仍然让牛做农活

牲畜屠宰

在古埃及，人们因获取食物或宗教目的屠宰动物，有时是二者兼而有之。屠宰牛等大动物常常要举行仪式，专司屠宰之职的人享有很高的地位。

在古埃及，只有富人和有权势的人才能在日常生活中吃上肉，而其他人对肉的消费则很有限。大多数人只能在节日或特殊场合，如上供仪式，或是亲戚、邻居、朋友前来拜访时才能吃到肉。

古埃及人最喜欢吃家养或牧场中养大的牛肉。因为喂养牛的成本很高，所以牛肉通常只出现在法老和有钱官员的餐桌上以及向神进贡的祭坛上。奴隶和穷人只能偶尔吃到劣等肉，喝碗肉汤。

餐桌上的肉

除了吃牛肉，埃及人还有许多其他选择，他们通常吃家养的牲畜肉，如羊肉、猪肉，也吃捕到的猎物，如瞪羚羊、野兔和羚羊肉，偶尔也捕鬣狗和各种野禽吃。

▶ **伊瑞卡皮塔赫（Irukaptah）的墓**

伊瑞卡皮塔赫是埃及第五王朝（公元前2494—前2345）的贵族。他死后被葬在萨卡拉的一座长方形平斜坡墓中。墓中有工作场面的壁画，从中可以了解古王朝时期（公元前2686—前2181）屠宰的方式。右面这幅壁画中的3个系着非常短的缠腰布的人在切割一头白牛和一头有斑纹的牛

▲ **赶往屠宰场**

在古埃及，牛是显赫地位和财富的象征，这一点在许多古埃及贵族墓中的壁画上都有所反映。这幅图表现的是人们正在牛群中挑选合适一只的送去屠杀。牛挑选出来后，就用棍子和狗送至屠宰场。奶牛不在被宰杀之列

屠夫的刀非常锋利

先切割前腿

屠宰前先拴住两条后腿，使其不能乱蹦

▶ **祭神杀牲**

在萨卡拉发现的伊都特（Idout）公主的墓中，有一座色彩仍然鲜艳的浮雕，表现的正是在节日前祭神杀牛的场面。画面中的三人，一个是屠夫（最左面），另外两人是助手。从牛舌垂在嘴外看，牛已被杀死。屠夫正站在一旁，观看两个助手肢解全牛

▶ 家禽

埃及人在尼罗河沿岸养鸭、鹅、肉鸽和其他一些鸟类。鸡最早是从印度引进的，但在图特摩斯三世（公元前1479—前1425年在位）统治时期，人们还不很喜欢吃鸡。当时人们把去毛后扎紧的禽类挂在杆上风干，然后用叉挑着烧烤后装入盐水罐中保存

知识窗

肉牛

在古埃及,肉牛都圈养在牛棚,喂得膘肥体胖,供人宰杀食肉。埃及人认为,膘肥体胖的牛肉最鲜美,行走困难的牛就是上等肥牛,而行走快速的即为瘦牛。从埃及研究专家伊波利托·罗塞里尼手绘的画中(见下图)可见,饲养人用强制的手段给上等牛喂面团,促使其体重增加。当它们长到标准体重,就会被带往屠宰场。

▲ **菜单上的鹅**

在已发掘的古墓中,死者周围有许多食物作陪葬,有些是实物,有些是模型。这是在一座古王朝时期墓中发现的一只去毛后系紧、待烹制的鹅模型

屠宰场设在王室和富贵人家的围地里。屠夫用长长的屠刀，3人或更多人一起操作。

在屠宰场中

宰牛要按照设定形式进行神圣仪式。首先由屠夫将宰杀对象的后腿捆绑起来，让其仰躺于地面，用锋利的刀顺喉咙将其刺死，然后切割。最先切下前腿，因为前腿肉被看作是最好的肉，同时也象征着牛赖以维持生命的活力。继而割下后腿，全身去皮，取出内脏。

古埃及人不保存内脏，趁新鲜时吃掉。其余的肉被切成小块，或用盐腌制，或挂在通风良好的房间里经过晾晒后保存。一些墓中壁画反映出屠夫在切割屠宰室的房柱上用绳拴起已剖开的牛。

◀ 去皮

宰杀牛不仅是为了食肉，牛皮也可用来制成皮革。这幅发现于萨卡拉伊都特（Idout）墓中的浮雕反映的是一个屠夫手握一把大刀，正在剥一头长角牛的皮，而牛喉咙到胸部的一边弧形皮已经被剥掉

屠夫腰上系着一块磨刀石，可以在屠宰过程中随时磨刀

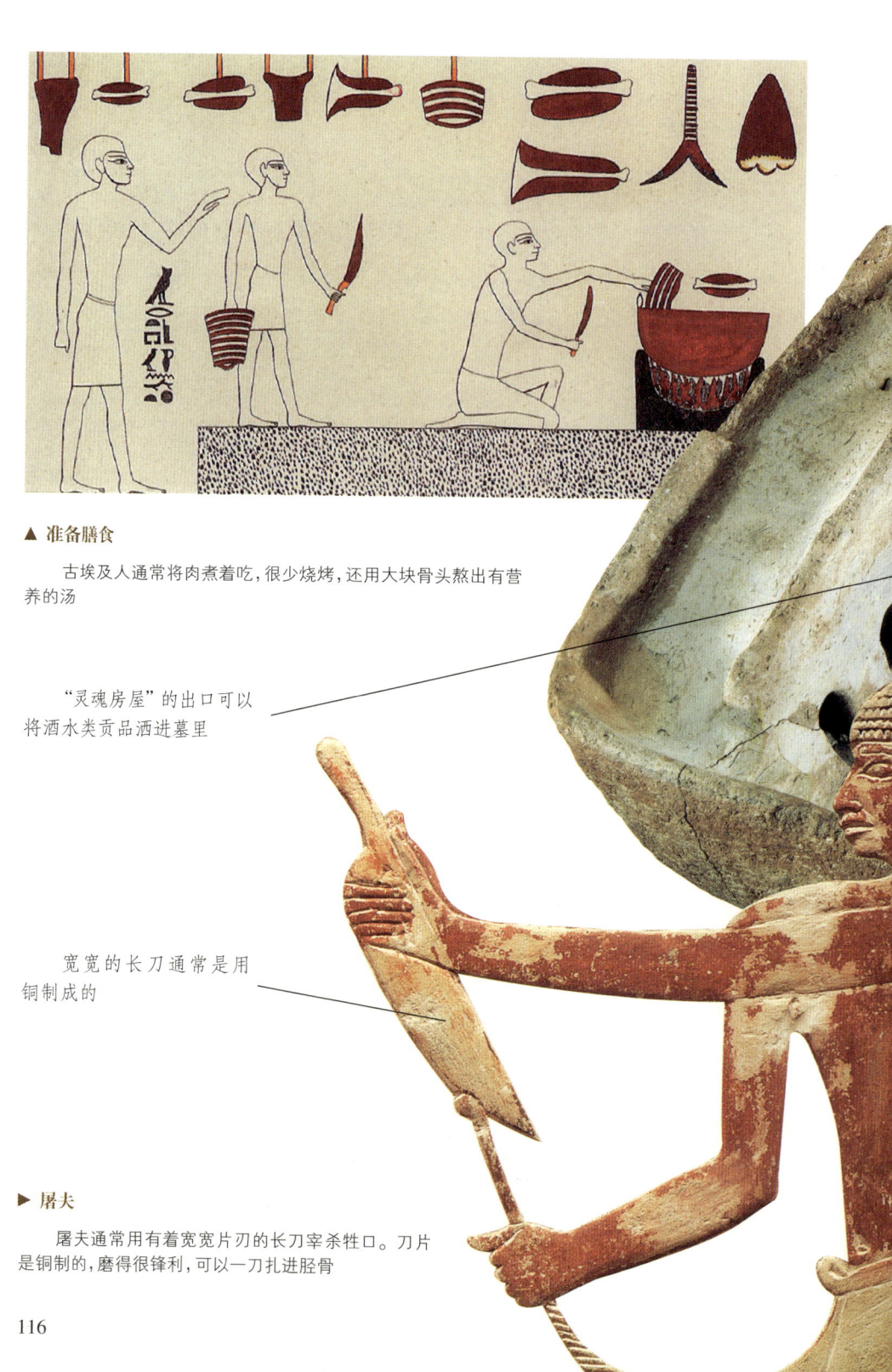

▲ **准备膳食**

古埃及人通常将肉煮着吃，很少烧烤，还用大块骨头熬出有营养的汤

"灵魂房屋"的出口可以将酒水类贡品洒进墓里

宽宽的长刀通常是用铜制成的

▶ **屠夫**

屠夫通常用有着宽宽片刃的长刀宰杀牲口。刀片是铜制的，磨得很锋利，可以一刀扎进胫骨

▼ 一间"灵魂房屋"

早期古埃及学家认为，一些古墓，尤其是中古时期（公元前2055—前1650）古墓中的泥塑随葬品是死者的精神家园，因此被叫作"灵魂房屋"。我们现在知道，这只是为那些修不起豪华墓穴的人设的供品台。大多数供品为泥塑，包括肉类在内的各种食物

这是一座墓中棺前院的模型。其他"灵魂房屋"都建在各自住宅里，通常也相当豪华

在这间"灵魂房屋"里摆放着泥塑牛体供品

很容易辨认出牛头和牛角

▼ 捆绑起来

这个浮雕表现的是把一头牛喉咙割断后，用粗粗的绳子捆绑起来的情景。这样做不仅易于把牛推倒，也使屠夫在操作中不致被垂死挣扎的牛踢伤

宰杀比牛小的动物通常都是斩首。屠宰厂产出的食品不只有肉,动物油可精心保存,用于烹饪和制作化妆品;动物皮可以送到制革厂加工处理。

古埃及屠宰牲畜的人还有一个象征性的宗教身份。在许多仪式中,献祭动物都是一个必不可少的步骤。希腊历史学家希罗多德就曾写过,在埃及,在祭祀中宰杀的用于进贡的动物头颅是不可以吃的。因为在祭祀过程中,祭司会将全国的病害、灾祸和罪恶都融入其中。

屠夫都极其尊崇宗教历法,比如严格禁止在托特(Thoth)月20日或22日宰杀牛或其他牲畜。

▲ 一家现代屠宰车间

如今,埃及的屠夫都把肉挂在从房顶梁上垂下的挂钩上进行风干。这种方法与发现于古埃及墓中壁画上反映的方式基本一致

葡萄酒和红酒

酒是法老和富人们享用的奢华饮品,在举行宴会和节日期间,他们都会向神进贡大量酒品。很多墓中壁画都描绘了关于葡萄种植和酿酒的场景。酒还是给神和死者的供品。

古埃及的酿酒与古埃及的文明史一样源远流长。那时,大多数的葡萄种植园都为法老和神庙所有,一些贵族的果园里也种有葡萄。因为红酒并非生活的必需品,而且还需要精耕细作,所以农民对此毫无兴趣。相比之下,啤酒就简单和便宜许多,普通人能喝上啤酒就很满足。

特殊关注

三角洲一带,法尤姆大片的绿洲和利比亚沙漠一带的土壤最适合种植葡萄。从目前发现的古墓壁画中只反映出红葡萄,但各种资料还反映,当时的古埃及人也种植白葡萄和其他品种的葡萄。古埃及人通常都把葡萄栽种在葡萄架上,而不是一排排地种在地上。葡萄生长需要充沛的水分,到了夏末,就是收获葡萄的日子了,他们精心摘下的一串串葡萄被放入葡萄架附近的榨汁机中。

▶ **小心拿放**

采摘者小心翼翼地将摘下的一串串葡萄放入柳条筐,随后将筐抬到榨汁机旁,将其压榨成汁。榨出的汁装进洋槐木大桶中进行发酵

◀ 餐桌上的葡萄

埃及人不仅喜爱结在藤上的葡萄，更喜欢在葡萄丰收时节摆上餐桌的葡萄。从发掘的墓中壁画可以看到各种葡萄，从硕大的葡萄到无核小葡萄都有

葡萄藤上结了串串紫葡萄

葡萄成熟后就被摘下

▶ 葡萄收获和加工场面

生活在图特摩斯四世（公元前1400年—前1390年在位）阿蒙（Amun）时代的书吏和天文学家纳黑特（Nakht）的西班古墓的浮雕上雕有反映葡萄收获和葡萄加工的场面。图中有两个采摘葡萄的工人，年龄大小不同，一个为黑色卷发，另一个为蓬乱的白发

采摘工人把摘下的葡萄装进篮中

采摘工人摘下挂在葡萄藤上的葡萄

用于发酵的葡萄被放入两耳细颈酒罐中

发酵程序一结束,酒罐立即被密封并贴上标签

年龄大的采摘者穿着一件下垂的圆肚兜——这是年龄的象征

一个工人将榨汁机中掉进桶里的葡萄粒捡拾起来

121

▲ 墓中的葡萄藤

　　阿蒙霍特普二世（公元前1427—前1400年在位）时期底比斯市市长索尼弗（Sonnefer）的坟墓因其华美的装饰而著名。墓顶不是通常的平顶，而是起伏不平的波浪形，全部被葡萄藤所覆盖。浮雕上的葡萄画得非常茂盛好看

▶ 愉快的哈索尔神（Hathor）

　　女神哈索尔是与爱、音乐和舞蹈等与快乐相关的神。根据史传记载，人们答应在她的节日期间，给她许许多多的葡萄，以代替血，阻止她残杀人类。此后她就成了酒女神

酒的种类

古埃及人喜欢喝蜜一般的甜酒。他们用红葡萄和白葡萄制酒,但人们更喜欢白葡萄酒。根据古文献记载,王族和贵族通常喝白葡萄酿的甜果汁,有时也喝用皮很厚的麝香葡萄酿的红酒。不太富裕的人饮棕榈和椰枣酿成的酒。

Mareotic和Taniotic是在古埃及被普遍认可的酒的品种。Mareotic这种尼罗河三角洲一带酿熟的、有着很浓香味的白酒深受克利奥帕特拉女王(公元前51年—前30年在位)的喜爱。Taniotic是一种呈淡绿色的甜白酒。

相关链接 监测书吏

在古埃及,酿酒业与其他所有的经济生活一样受到书吏的密切监测,他们要记录酒的多少、酒罐的数量,王宫及各神庙的储备量。他们进出货站,准确记录下进出的酒量。下面这幅壁画中的书吏正在记录库存食品和饮料。他们还要在陶酒罐上做标记:或者是简单标上葡萄产地和生产日期,或者是在上面盖上印章。这些内容为人们提供了酒的产地、生产日期和酒的品种的相关信息。

支撑帆布袋的柱子可以把余汁挤压进罐中

踩踏后的葡萄和核都被收进带网眼的帆布袋中

◀ 踩踏葡萄

　　成串的葡萄被扔进一个大罐中，罐上方是由纸莎草心装饰的短柱支撑的顶。身裹缠腰布的踩踏工人为了防止陷进去，必须抓住拴在梁上的绳子进行工作

◀ 收获和贮藏

从这些临摹于一座埃及古墓壁画的场景中可以看出,葡萄酒的制作是分多个步骤完成的。图中,从上往下,从左往右,他们分别要进行葡萄采摘;把葡萄踩压进长长的榨汁机中;用一个带网眼的帆布袋和木杆用力挤压出汁;把葡萄酒倒入大罐中,最后由书吏记下酒罐的数量

踩踏工抓住绳索,以稳住身体

罐口用黏土堆成锥状密封,以防止酒顺着罐口挥发

一名手执墨板和芦秆笔的书吏正在登记酒罐的数量

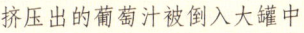

挤压出的葡萄汁被倒入大罐中

▶ 酒的发酵

在小酒罐中发酵好的葡萄汁过滤后被倒入大酒罐中继续发酵。在盖严盖子之前要在其中加入蜂蜜和香精

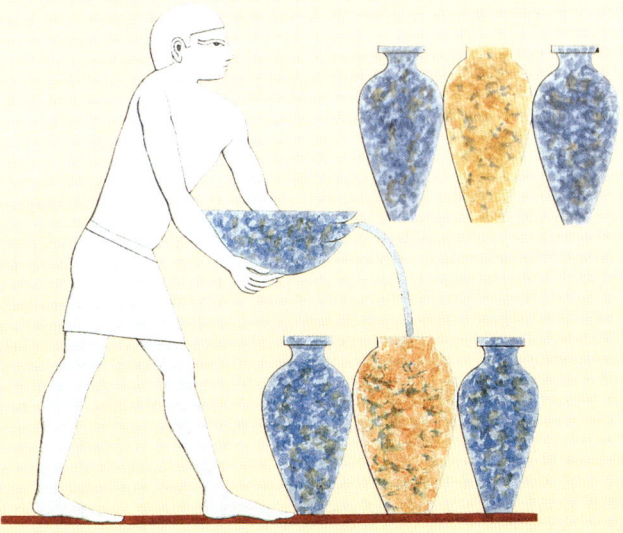

125

神的馈赠

对古埃及人而言，葡萄酒是神的馈赠，与掌管死亡、复活和生育繁殖的古埃及主神之一欧西里斯息息相关。掌管葡萄园的是蛇女神雷内努特（Renenutet），她同时还负责丰收和繁荣。葡萄酒还与巴斯特神（Baster）、塞赫迈特雌狮女神（Sekhmet），尤其是与"醉酒节"的原型哈索尔（Hathor）女神有着极深的历史渊源。古埃及人在庆祝活动和举行仪式时都会大量饮酒。

人们认为喝醉酒更容易与神进行沟通交流，因为在这种情况下更方便开口向神提出各种请求，而酒也会让神更仁慈宽厚，继而回应人们的请求。

▲ 花和葡萄

这幅19世纪法国考古学家和临摹专家埃米尔·普里斯·达文奈斯（Emilt Priss d'Avennes）创作的画中是一位手执莲花和葡萄的年轻女子。墓中反映的这些供品都是日常生活品，代表着人间生活的继续和来生的美好

▶ 水密罐

酒罐都为黏土罐，烧制后会留有许多孔，这样就会使液体流失或挥发。因此埃及人就在罐表面涂上一种树脂，使其更为密封。有时也会用芦苇绳缠在外面，这样就容易提拿

啤酒酿造

酿造啤酒和烤制面包是古埃及人日常生活中不可或缺的部分。酿酒和烤面包要添加相同的成分,并且都由女性操作。

古埃及人把啤酒作为日常饮食中的一类,也作为人死亡后享用的供品。后人都是通过对古墓中的壁画、模具和塑像的研究,了解古埃及人制造啤酒的过程。传统的观点认为,"啤酒面包"是用大麦面或小麦面制成的。将面包烤至外皮微微发黄,而里面却还是生的。然后把面包搓碎,把面包屑用纸莎草筛浇上水,筛一筛。再把捣拌后的麦芽浆加入加热的罐中混匀进行发酵,之后放进大罐中存放。有时会添加加速发酵的酵母和椰枣,椰枣能增加糖分,使酒味更浓。

古埃及人都在家中做啤酒,而专职啤酒师负责为王公贵族制酒。

▶ 啤酒容器

各种陶制器皿都可以用于酿酒,而容器的大小取决于生产的数量。酿制啤酒浆的容器通常很高,啤酒制成后,被转放入小容器中,盖上草盖或泥盖,然后用熟石膏封口。右图所示的陶罐现藏于法国卢浮宫博物馆

◀ **女人的工作**

　　酿酒和烤面包都是女人的工作。许多发掘的墓中雕像上都有表现女人在作坊中碾压谷子或在过滤面粉的场景。这幅收藏在意大利佛罗伦萨考古博物馆的雕像表现的是一位妇女正在揉拌用于酿酒的啤酒浆

▼ **加入面粉**

　　酿啤酒时，要在大麦或小麦这类谷物中加水，然后把搅拌后的啤酒浆倒入圆锥形的陶罐中加热发酵。当啤酒浆经过发酵和过滤后，加入从各种水果、香草和香料中提取的液体香料

由妇女进行酿酒

▶ 现在的啤酒

我们从对古希腊的研究中了解到，啤酒的发明地在埃及，埃及人对啤酒的喜爱程度超过了红酒。然而，由于信奉伊斯兰教，商店不再出售啤酒。现代埃及啤酒符号"Pyramid"（金字塔）的设计体现出对历史的尊重

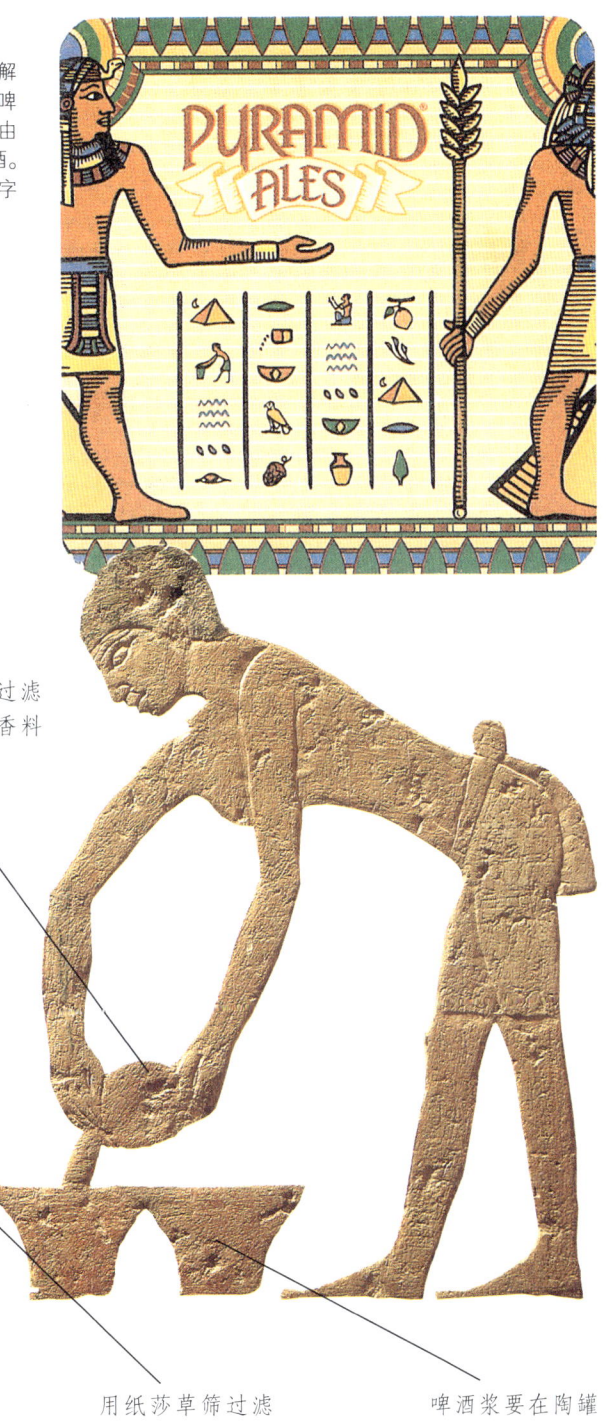

在经过发酵和过滤后的啤酒浆中加入香料和调味品

把刚制好的啤酒浆倒入事先已烧热的陶罐中

用纸莎草筛过滤经过发酵的啤酒浆

啤酒浆要在陶罐中进行几天的发酵

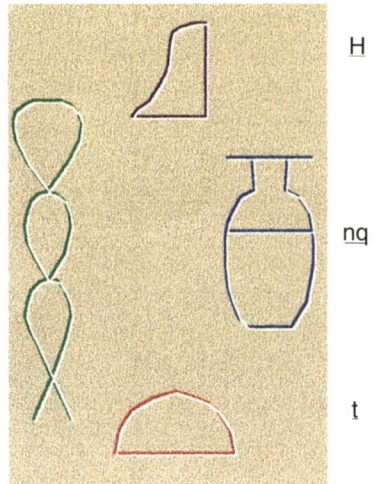

▲ 啤酒符号

表示啤酒的象形词"Henket"源于液体量器的形状

▲ 喝啤酒

啤酒是古埃及各阶层人士的日常饮品，更是典礼仪式上必不可少的。比如说，在祭祀女神泰芙努特（Tefnut）的盛宴上，人们为了保持高昂的情绪饮用大量的啤酒。很多神话中都有对啤酒的描述。有一次，太阳神拉（Ra）派他的女儿哈索尔去摧毁人类。但当他回心转意，想要悬崖勒马时，女儿哈索尔却执意将屠杀进行到底。拉为了把她从人血的关注中引开，给她提供了一壶血色啤酒，让她一直喝到心中充满爱和甜蜜。这幅发掘于德尔巴哈里墓中的雕刻表现出宫廷饮酒的场面

然而，最新的研究表明，古埃及人尤其是新王朝时期的古埃及人根本不用面包做酿酒的引子。发掘的古陶罐中的残留物表明，他们是用大麦或小麦做发酵的引子。用显微镜进行观察后发现，他们是把谷物泡在水里，把水加热；当谷物长芽，种子中所含的淀粉就会转变成糖，再由酵母将其酿成酒。

如果当时的制作过程果真如此，就无须添加椰枣和蜂蜜以增加酒的甜味，它们只是为了增加酒的香味。

营养饮品

人们需要几天时间把原材料发酵成酒精纯度很低，以营养为主要目的而非让人喝醉的日常饮品。发酵后醇厚的、呈肉汤状的液体要用网筛过滤才能饮用。上等好啤酒要留到宗教节日时与红酒一起享用。每当这时，都会有许多人喝醉。

▲ 碾压谷物

这尊古王朝时期的雕塑表现了一位妇女在两块平石板间碾压谷物的情景。碾压的面粉经过几次筛滤就可以用来制面包，或许是制作啤酒的面包

啤酒厂工人

尽管在古埃及，大多数啤酒都是在家中酿制的，但还是有啤酒厂负责生产大量啤酒，供应城镇居民、小旅馆或"小酒馆"、富人和官员。每家酒厂都有其与众不同之处，而最好的啤酒必定最受追捧。

石罐用于装啤酒

工人们在等候把加热了的发酵罐运走

面包屑加水搅拌，再用筛子过滤出肉汤状的麦芽浆

▼ **棕色爱尔淡啤酒和莱格淡啤酒**

啤酒的质量与酿酒人的技术和糖的含量有关。发酵时加入的糖越多，啤酒的酒精度就越高。当时最常见的是酒味强烈、略带甜味、和棕色爱尔淡啤酒相类似的淡啤酒。与现代莱格淡啤酒相近的淡啤酒只在特殊场合下饮用

用扇子把炉中
火苗扇旺

发酵罐已事先在炉
中或窑中加热，随时可
装刚做好的麦芽浆

工人们准备把
刚做好的麦芽浆放
入发酵罐中

▲ **正式饮酒场合**

　　这幅作于第十九王朝时期的壁画描绘的是底比斯市市长索尼弗的妻子用一樽无柄高脚杯向丈夫递啤酒的情景。当时,通常是用有嘴有柄的大罐装酒,用石质、金属质或陶质杯饮用。宴会上会消耗大量的啤酒和红酒,通常还用醉酒的程度衡量宴会是否成功。埃尔卡布(Elkab)有一座古墓的壁画上反映的是一场宴会时的情景,其中一位女宾说:"给我上18杯红酒,我要喝个一醉方休。"

打猎

在埃及,打猎由最初的猎取食物逐步演变成上层社会的业余消遣。

尼罗河沿岸的5米高的纸莎草植被为各类水鸟提供了理想的栖身和筑巢场所,甚至鳄鱼和河马也将厚厚的植被作为藏身之地。尼罗河里还有大量的鱼。

猎取食物

对古埃及人而言,捕鱼和猎鸟是他们获取食物的重要手段之一,他们的餐桌上经常会有从远离尼罗河沿岸的干燥地区猎捕的野山羊、瞪羚羊和野牛肉。从第四世纪开始,热带大平原的环境逐渐变成不适于居住的沙漠,这些野生动物的数量逐步减少。

正因为如此,人们开始发展农作物种植和畜牧业,以提供食物。野牛被驯化,而沿河地区也出现不少饲养家禽者,养鸭养鹅。

相关链接 眼影调色板

彩色眼影通常为粉状,装进雕饰精美的石板调色板中。公元前2700年前后,调色板上的雕饰以战争和打猎为主。这块现收藏于大英博物馆的公元前3300年名为"狩猎者"的眼影板碎片上,反映的是猎人猎捕野兔和羚羊时的情景。

▶ 在丛林中狩猎

手持棍棒式武器捕猎鸟禽是上层社会人士的业余消遣。在春天和秋天时节，许多候鸟都要迁徙到尼罗河一带，猎人们就在此时乘坐纸莎草船进行猎捕。

右面的壁画是在大约公元前1400年前底比斯官员涅巴蒙（Nebamun）墓中发现的，画中反映的是打猎时的景象。此画现藏于大英博物馆

家猫随家人一起狩猎，一路以鱼和水禽类为食

一只家养鹅站在船头以引诱其他猎物

猎手用饰有蛇头的弯棍猎捕鸟禽

猎捕鸟禽预示大自然丰厚的馈赠,画面中反映出妻子、孩子也参与了打猎

河两岸被茂密的植被所覆盖。每年尼罗河河水泛滥之后,植被就更加茂密,郁郁葱葱

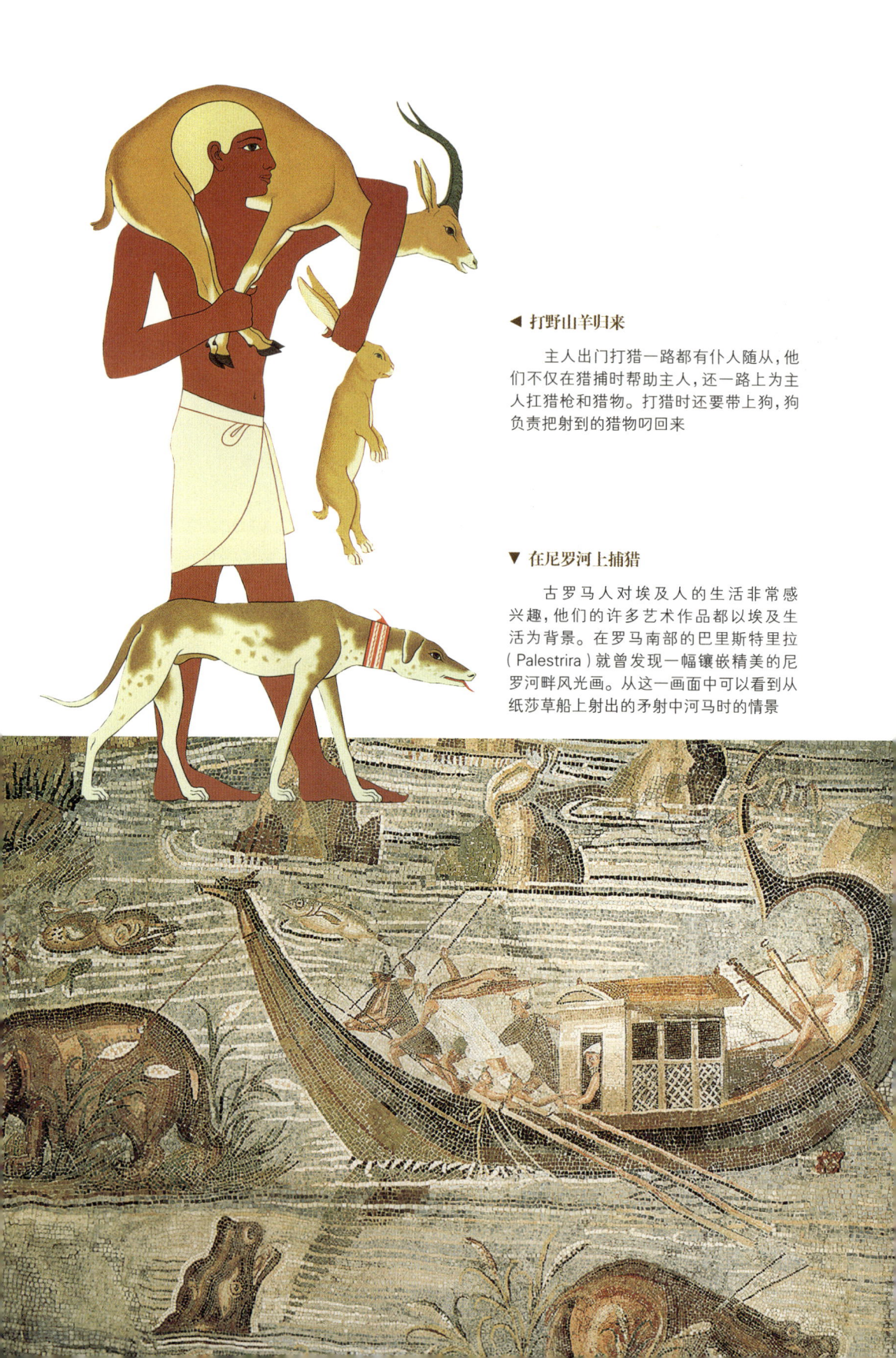

◀ 打野山羊归来

主人出门打猎一路都有仆人随从,他们不仅在猎捕时帮助主人,还一路上为主人扛猎枪和猎物。打猎时还要带上狗,狗负责把射到的猎物叼回来

▼ 在尼罗河上捕猎

古罗马人对埃及人的生活非常感兴趣,他们的许多艺术作品都以埃及生活为背景。在罗马南部的巴里斯特里拉(Palestrira)就曾发现一幅镶嵌精美的尼罗河畔风光画。从这一画面中可以看到从纸莎草船上射出的矛射中河马时的情景

没过多久，打猎就成为一个体育项目，尤其是猎捕鳄鱼、河马、野牛，甚至狮子这些危险的大型动物。在打猎过程中，更能显出年轻贵族的勇气和技能。而在法老参与的打猎仪式中，这些动物更是法老必须捕杀的猎物。

得胜回朝的猎手

第十八代王朝的法老被人们视为勇士和至高无上的英雄。史书上有法老打猎大捷的记载。阿蒙霍特普三世（Amtnhetop III，公元前1390—前1352年在位）因在10年打猎生活中杀死200头野牛或狮子而名声大震。在图坦卡蒙（公元前1336—前1327年在位）墓中随葬珠宝的盖壁上描绘了一名猎杀了瞪羚羊、野山羊和狮子凯旋而归的猎手的画面。第十九王朝的塞提一世（Sety I，公元前1294—前1279年在位）甚至自诩自己曾单手执矛杀死一头狮子。

尼罗河中有成群的鳄鱼和河马，对埃及人而言，乘小船过河是一件非常危险的事情。

▼ 捕河马

在目前所发现的古王朝时期（公元前2686—前2186）的古墓壁画中，经常会出现猎手在船上手执渔叉和矛捕河马的场景。虽说捕河马很危险，却能展现出猎手的勇敢和技艺，同时还可收获许多肉食。尽管鳄鱼也对刚刚出生的小河马垂涎三尺，跃跃欲试，但真正对河马构成威胁的只有人类。下图是在萨卡拉（Saqqara）大约公元前2500年前的官员泰（Ty）的墓中发掘的壁雕

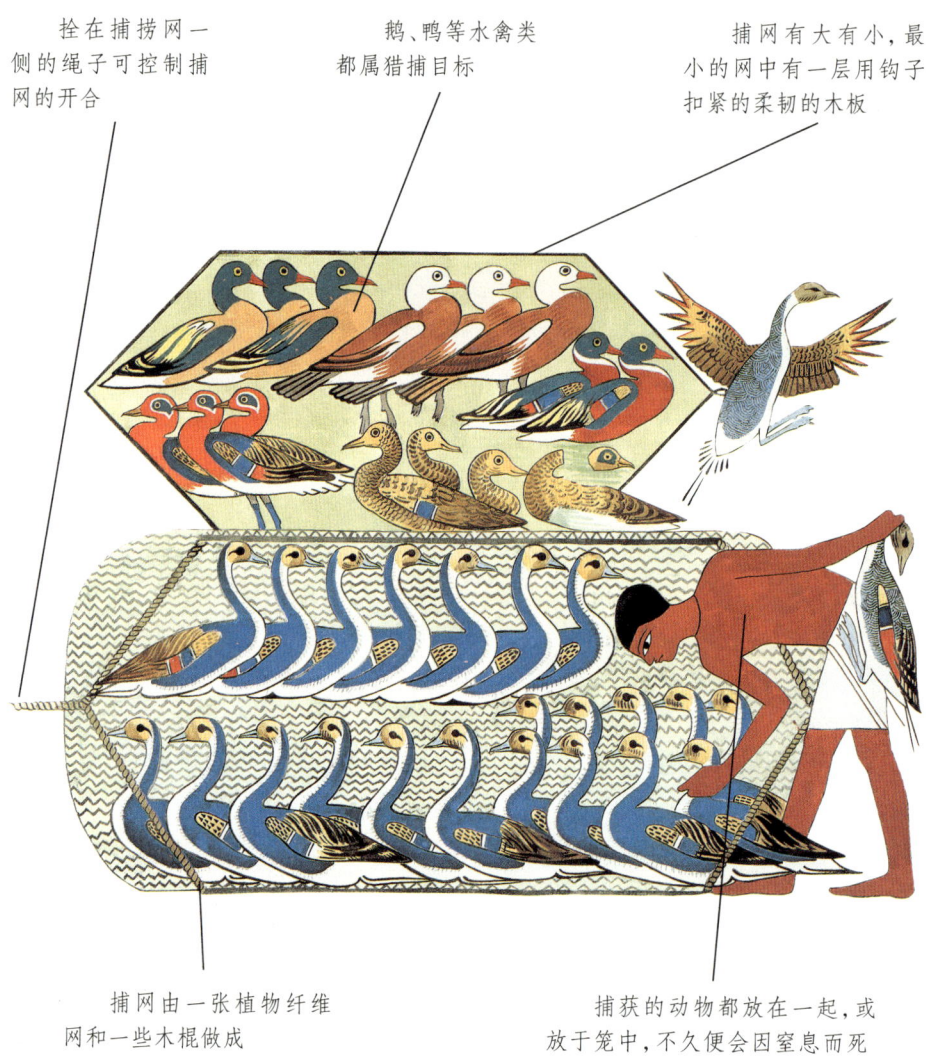

拴在捕捞网一侧的绳子可控制捕网的开合

鹅、鸭等水禽类都属猎捕目标

捕网有大有小,最小的网中有一层用钩子扣紧的柔韧的木板

捕网由一张植物纤维网和一些木棍做成

捕获的动物都放在一起,或放于笼中,不久便会因窒息而死

▲ 捕猎者

捕猎禽类决不仅仅是特权阶层的业余消遣,生活在下层的埃及人也大批捕捉禽类,或养在自己的农庄,或杀之食肉。他们把网撒在深水处,一旦有成群的水中动物入网,藏在纸莎草丛中的捕猎者就立即收紧网口绳。捕鸟用网织品,捕到后拉到岸上,系好笼口运走。上图是伊波利托·罗塞里尼(1800—1843)按照贝尼哈桑(Beni Hasan)一座墓中的石刻画临摹的捕鹅情景

▼ 鳄鱼

鳄鱼的凶猛本性使其成为邪恶的象征,但从另一个角度说,所有水中动物又都被古埃及人看作是生生不息的繁衍者。因而,鳄鱼神索贝克(Sobek)的名字就表示"可生育的人",他成了第十二代王朝(公元前1985—前1795)的保护神,而对其顶礼膜拜也愈演愈烈。索贝克与邪恶作战。与索贝克一样,拉(Ra)成为太阳神

▲ 河马

河马曾经是尼罗河中的霸主。捕捉河马是非常危险的。猎手不能离河马太近,因为如果没有立即重创或杀死河马,河马就会撞向捕获船。现在只有在埃及南部和非洲比较湿润的区域才能发现河马的踪迹

这些庞大的动物因其形象与负责男性生殖的鳄鱼神索贝克（Sobek）、保护女人和孩子的河马女神塔瓦瑞特相同而受到人们的尊敬。

最后的鳄鱼和河马

现在的情况与那时已完全不同。纸莎草丛已被开发，种上了玉米，小一些的动物已经没有了生存空间。由于尼罗河沿岸修建了大坝，水中已不再有大批的鱼群。

从20世纪60年代阿斯旺大坝（the Aswan High Dam）修建开始，尼罗河所流经的埃及沿线就不再有鳄鱼。河马也在埃及消失，都集中在了苏丹南部。

▼ 乘车打猎

在沙漠中打猎，需要具备特殊技能。最初打猎都是徒步进行。从第十八代王朝（公元前1550—前1295）起，猎手站在由马牵引的车上，用弓箭射杀猎物。下面这幅在底比斯尤塞赫特（Userhet）发现的图画中，猎手正在拉弓，射向一群瞪羚羊和野兔

 **知识窗**

猎捕野公牛

牛在埃及人生活的方方面面都非常重要,母牛被视为所有雌性的象征,野公牛因其体力的强壮代表着男性生殖和强势。

作为布塔(Ptah)神、门图(Montu)神和法老的动物象征,野牛代表着权力和力量。

法老猎捕野牛只是走走形式。野牛之前就已被制服,之后法老出场,显出势不可挡的大无畏气概。每当有这种打猎,都先由猎手把野牛逼到绝路,用箭和矛射伤,使牛不再凶猛,再用一根套索拴住,使其不能飞奔,最后才由法老用一支矛将其射死。下图是哈布城(Medinet Habu)拉美西斯三世的陵庙(Temple of Ramesses III)浮雕上拉美西斯三世正在捕杀一头野牛时的情景。

生活中的音乐

音乐在古埃及人的生活中的作用不可小觑。音乐在宗教仪式、丰收庆典、节日欢庆或娱乐中有着不可或缺的作用。

古埃及随处可闻音乐之声——在民间宴会、葬礼、宗教仪式、阅兵游行，甚至在田间地头都有音乐之声。大多数人都会唱歌或演奏乐器。在新王朝时期（公元前1550—前1069），职业乐师经常会与乐队一起，在指挥的带领下进行演出。

目前尚未发现法老时期的乐谱，乐曲经过口口相传，全凭记忆流传下来。我们对于古埃及音乐的了解源于对音乐制品的研究，源于墓中和神庙中有关乐器的壁画，再通过模仿制造乐器后得来。新王朝爱情诗中的诗句可能正是在音乐伴奏下演唱、讲述从而保存下来的。

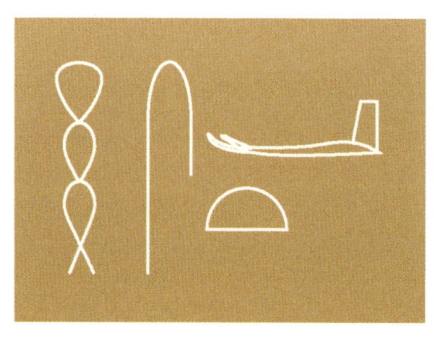

ḥ s t

"Heset"在埃及象形文字中代表歌曲或唱歌

◀ 象形文字中的音乐

"歌曲""歌手""乐手""指挥"和"演奏"等词汇都是由"hes"一词演绎而来的。左图象形文字中的胳膊符号与在演奏中掌握节奏有关

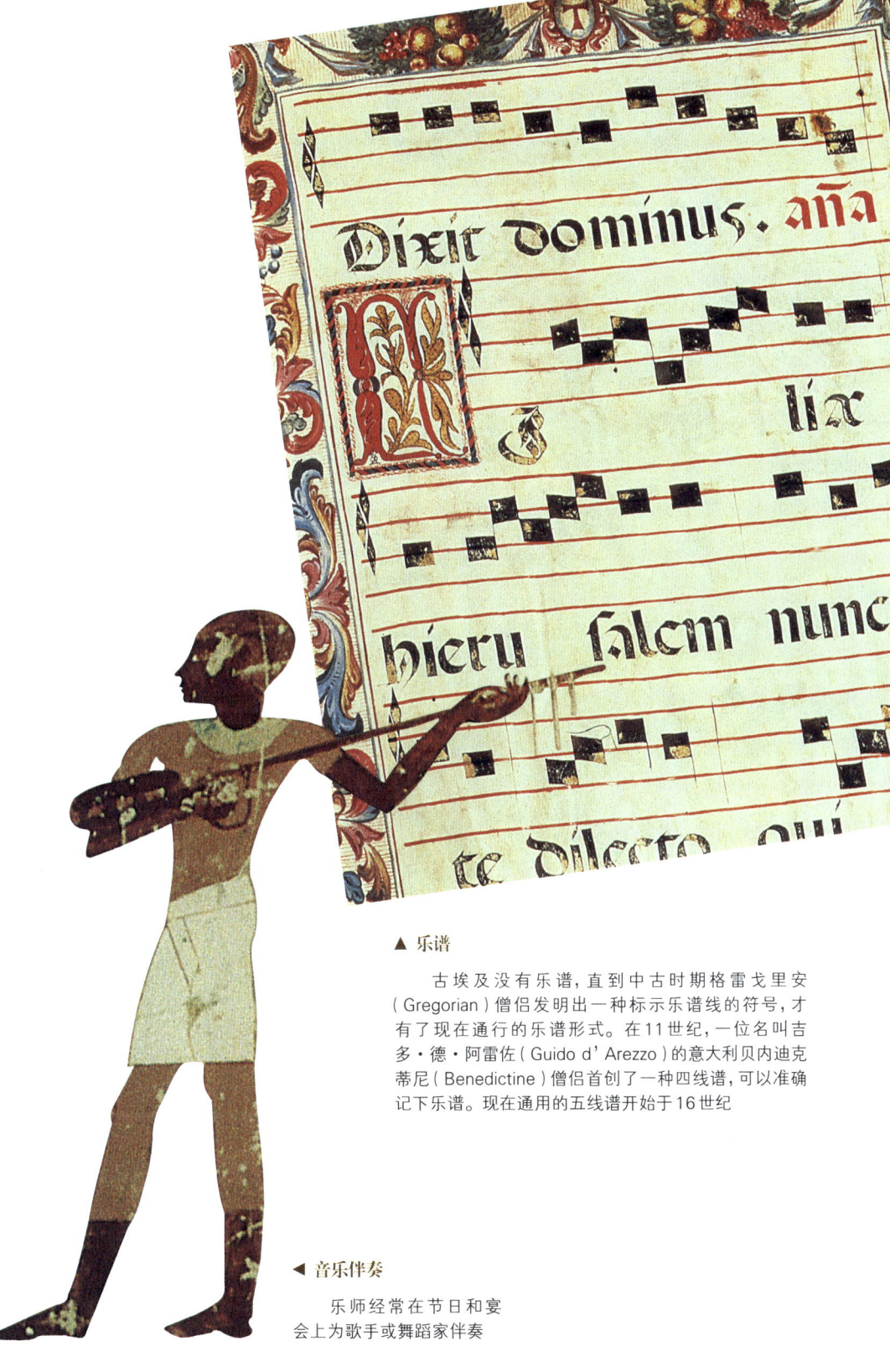

▲ 乐谱

古埃及没有乐谱，直到中古时期格雷戈里安（Gregorian）僧侣发明出一种标示乐谱线的符号，才有了现在通行的乐谱形式。在11世纪，一位名叫吉多·德·阿雷佐（Guido d'Arezzo）的意大利贝内迪克蒂尼（Benedictine）僧侣首创了一种四线谱，可以准确记下乐谱。现在通用的五线谱开始于16世纪

◀ 音乐伴奏

乐师经常在节日和宴会上为歌手或舞蹈家伴奏

▼ 乐队指挥

在古埃及文化中，指挥的地位显赫，这一点可以从描绘音乐场面的绘画中看出。这幅颜色仍未失真的萨卡拉时的画面中，一位指挥面对乐师时将一只手放在耳朵上助听，以集中注意力

指挥正在指挥演出

乐师手指所放位置与今天的音乐家的指位完全一致

在科普特的一些礼拜仪式中,人们仍然用古埃及流传下来的科普特语进行演唱

指挥和现在的指挥一样用手势指挥乐队

▲ 掌握节奏

这幅新王朝阿玛尔纳时期的浮雕反映的是一位竖琴师在为一群拍着手唱歌的人伴奏。古埃及时期，许多乐手都是盲人，这位竖琴师很可能也是盲人。当时竖琴被认为是一种神圣的乐器，主要在官方和宗教事务中参与演奏。人们认为是和谐的音乐之声伴着逝者走上通向来世的旅程

沙漠绿洲中的生活

古埃及人视沙漠为混乱荒芜之地,是通往死亡王国的门户。然而,很久很久以前,西部沙漠葱翠的绿洲附近就出现了繁荣的人类社区。

埃及广袤的西部沙漠占地约68.1平方千米,从东部尼罗谷向西延伸至利比亚。对古埃及人而言,沙漠就是混乱和荒芜的代名词,与尼罗河三角洲和山谷地区的秩序井然、繁荣昌盛形成鲜明对照。

沙漠中的岛屿

西部沙漠中的哈里杰(Kharga)、达赫莱(Dakhla)、费拉菲拉(Farafra)、拜哈里耶(Bahariya)、锡瓦(Siwa)等绿洲在贫瘠、单调的沙漠中形成一道富饶壮观美景,在这些各自为政的绿洲上生活的人们形成了自己独特的风俗和传统习惯。

▼ 如今的绿洲

20世纪70年代,宏伟的灌溉西部沙漠和重新安置尼罗河三角洲人口密度过高地区无地农民的新河谷(The New Valley)计划正式启动。但是由于财政资金不足和人们对地下水位持怀疑态度,计划进展缓慢。绿洲的经济和农业的兴起仍是一个不确定的问题

大约100平方千米大小的哈里杰绿洲是西部沙漠最大的绿洲

▲ 省长的墓冢

20世纪70年代，在离巴拉特村不远处，发现了古王朝时期达科拉（Dakhla）省长们的长方形平顶斜坡坟墓。这些墓与在萨卡拉遗址发现的官员坟墓一样，装饰着类似于上图的豪华精美壁画。但因年代久远，画面严重破损。

在罗马要塞前，仍可看出古建筑的遗址

罗马人修建了高大的要塞，保护沙漠贸易通路

▲ 卡斯艾尔拉贝卡神庙（Qasr el-Labeka）

在法老统治时期，哈里杰（Kharga）是西部沙漠中最重要的绿洲之一，也是包括把奴隶从南方带到埃及的四十路（the Forty Days Road）在内的几处沙漠贸易通道之一。现在的哈里杰（el-Kharga）镇的北面就是卡斯艾尔拉贝卡神庙（Qasr el-Labeka），一个保护沙漠商队在艰苦旅途中安全的罗马要塞。要塞遗址中有12米的高墙，围着几间如今里面全是沙子的房间；其北面是一个已经毁坏了的泥砖神庙

▲ 锡瓦绿洲

　　位于埃及和利比亚边境线上的锡瓦是所有西部沙漠绿洲中离其他绿洲最远、最有文化特点的绿洲。此处居民面临的最大问题就是咸水，根本无法耕作。这里的水位只有20厘米，而土地开发计划也无法解决这个问题。现在，锡瓦的主要经济支柱是种植枣树、橄榄树和大力发展旅游业

▼ 卡斯艾尔圭达神庙（Qasr el-Ghueida）

　　修建于波斯王大流士（Darius，公元前522—前486年）时期的坚固的卡斯艾尔圭达（Qasr el-Ghueida）神庙，位于哈里杰绿洲（Kharga oasis）南部，托勒密王朝时期（公元前332—前30）重建。其显著特色是供奉阿蒙（Amun）、姆特（Mut）和孔斯（Khons）的西班（Theban）三人合一的沙石神龛，还有一个装饰有尼罗河之神哈碧（Hapy）手拿埃及各省象征物的壁画大厅

在古王朝时期,西部沙漠受国家直接管辖。绿洲有重要的战略意义,在沙漠贸易干线上扮演着驿站的角色,其中最著名的有连接埃及与非洲的南撒哈拉(sub-Sararan Africa)。位于最西面的费拉菲拉和锡瓦绿洲也扮演着边境前哨的角色,埃及士兵在这里守卫着与利比亚接壤的边境。

锡瓦绿洲在法老时期因为阿蒙神更显其与众不同。亚历山大大帝(Alexander de Great)以全埃及法定统治者的身份在公元前331年参观了绿洲中的阿蒙神庙。有些考古学家认为埃及传奇中马其顿(Macedonian)征服者的墓地就在锡瓦附近。

传统的生活方式

西部沙漠绿洲在不同程度上受到现代文明的影响,比如达赫莱和哈里杰建起了现代化城镇,而拜哈里耶(Bahariya)和费拉菲拉(Farafra)仍然保持着沙漠村落的特征,那里的居民至今还在从事椰枣、橄榄等传统作物的买卖。最西部的锡瓦绿洲变化最小,因为与外界隔绝和独特的异域风情,这里成了人们喜爱的旅游胜地。

▼ 骆驼商队

到了大约公元前19世纪,埃及人才开始驯养骆驼。因为骆驼非常适应在沙漠中生存,所以很快成为这人畜难以生存地区的重要成员。骆驼能够每天承载250千克重的物品在沙漠中行走40千米,甚至可以4~5天滴水不进。如今,骆驼几乎全都被更快、更安全的交通工具所取代

古埃及人用棕榈叶做凉鞋

椰枣是古埃及人最主要的食品之一

棕榈树干可以用来做家具

▶ **椰枣棕榈树**

地下水源使得绿洲居民得以发展农业,尤其是在罗马时代(公元前30—公元395)。在埃及有大约50个品种的椰枣是埃及西部沙漠的主要作物,并仍在绿洲城市的经济中扮演着重要角色

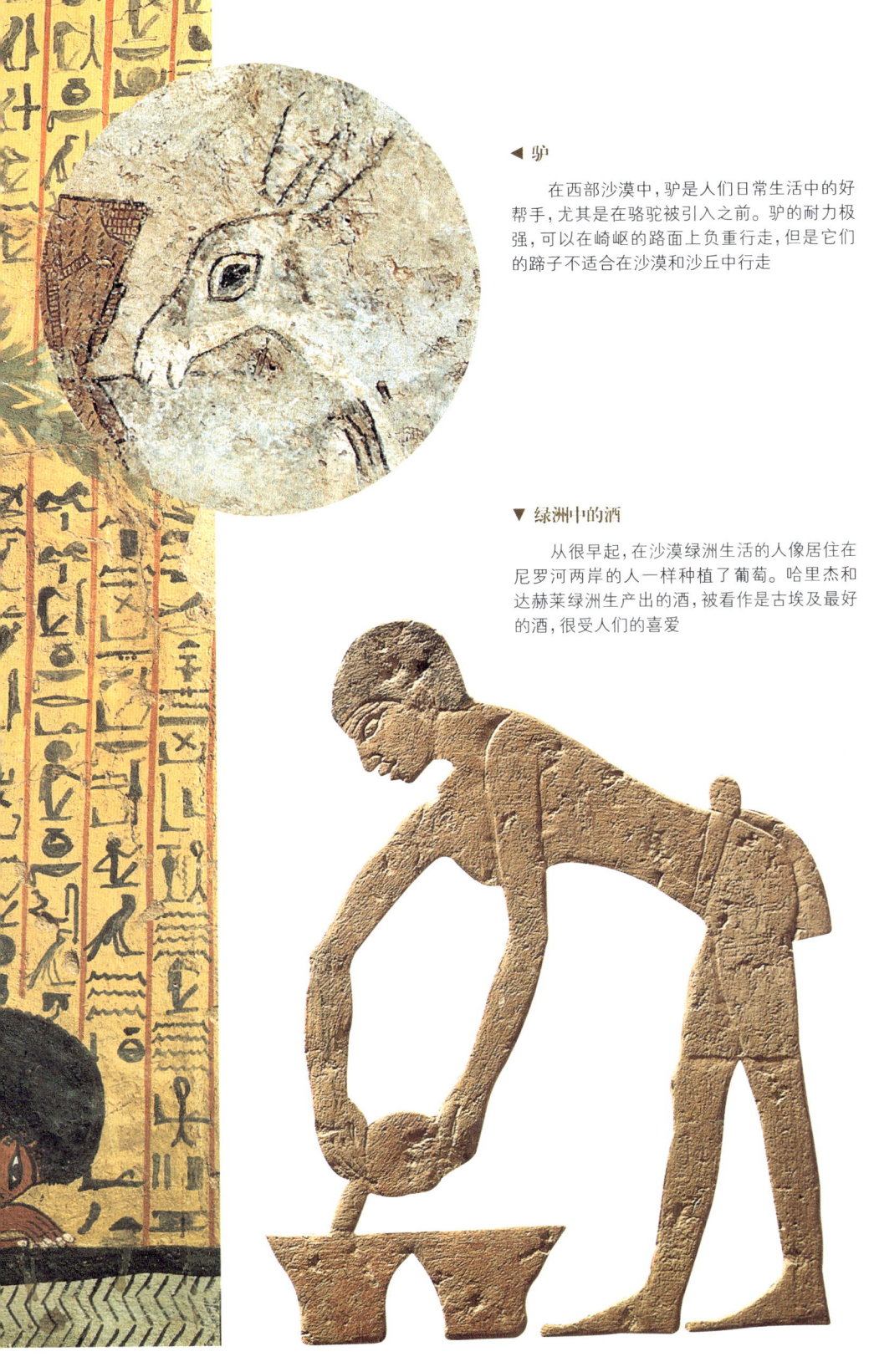

◀ 驴

在西部沙漠中，驴是人们日常生活中的好帮手，尤其是在骆驼被引入之前。驴的耐力极强，可以在崎岖的路面上负重行走，但是它们的蹄子不适合在沙漠和沙丘中行走

▼ 绿洲中的酒

从很早起，在沙漠绿洲生活的人像居住在尼罗河两岸的人一样种植了葡萄。哈里杰和达赫莱绿洲生产出的酒，被看作是古埃及最好的酒，很受人们的喜爱

▼ 如今的沙漠交通

如今,在向现代化发展的进程中,西部沙漠绿洲的居民仍保留着某些传统习惯。如今这种骑着载重的家畜在沙漠中穿行的现象在古代比比皆是

战车

大约公元前1650年，由西克索（Hyksos）侵略者引入埃及的战车推进了战争武器的革新，促进了埃及军队精锐部队的建立。

埃及战车重量轻，行动方便。战车底盘是木质的，边上为木质和皮质组成，两个有辐条的轮子装在底盘后部的轴上，一条弯曲的辕搭在双轮上控制马匹。车体后部无遮挡，在遇到紧急情况时，士兵就可以一跃而出。士兵在车上可以抓住车舱上部的横杆，以保持稳定。因为当时没有弹簧和悬置系统，在沙地和石路上快速行进会感到非常颠簸。但这种车的行进速度很快，约比步行快10倍。

埃及战车乘载两个人，一名驾车人，他只拿一根鞭子，有时佩带盾牌；另一名为持弓的士兵。士兵的武器有一张弓、数支箭和标枪。当时很少使用刀、斧和剑等。

▶  激战中的拉美西斯二世

与赫梯人（Hitties）交恶的卡迭石（Qadesh）战役是在叙利亚（Syria）进行的。拉美西斯二世（公元前1279—前1213年在位）让人将这一战役画在了他在卢克索（Luxor）的拉美西斯二世神庙的第一根门柱上。右图是对这一场面的复原再现。从壁画中可以看出，埃及人在宿营地突遭外敌袭击，法老跃上战车投入战斗。在赫梯人开始疯狂掠抢，认为胜利在握时，拉美西斯重新集结起部队，努力扭转战局。然而，拉美西斯二世神庙壁画讲述的并非真实的历史，只不过是在吹捧法老是被阿蒙赋予神力的战斗英雄

两匹佩有华丽鞍垫和色彩鲜艳的头罩的马拉着拉美西斯二世时期的战车，它们通常还要插挂骆驼毛

箭袋通常放在战车的一侧

马蹄形车身后部没有遮挡，底部是一块非常轻的木板或展开的皮面。最漂亮的战车两侧都经过精心装饰

战车上装饰有动物、羽毛和戴着镣铐的囚徒图案。有些图案甚至被镀上了金

六轴大木轮用皮子包裹

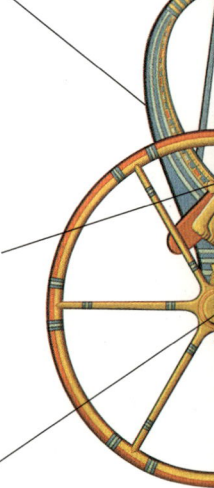

拉美西斯二世的战马把赫梯士兵踩在脚下。载着神箭手的战车全速飞奔,把敌人打得人仰马翻,伤亡惨重

知识窗

图坦卡蒙时期的战车

霍华德·卡特(Howard Carte)在图坦卡蒙的墓中发现了六辆毁坏了的战车的零部件。两辆车装饰华丽,表面用金箔、彩色玻璃和绿松石等非稀有宝石覆盖;一辆装饰稍逊于前两辆;另外三辆则很可能属普通战车。文物修补人员通过长时间艰苦努力,恢复了其中五辆车的原貌。

发掘者还在战车附近发现了马匹的必备物品,如鞭子、鞍垫、皮马具和马眼罩等。

目前人们完全了解的战车除了图坦卡蒙时期的外,还有其他五种,其中一辆是在阿蒙霍特普三世的岳父母的墓中发现的。

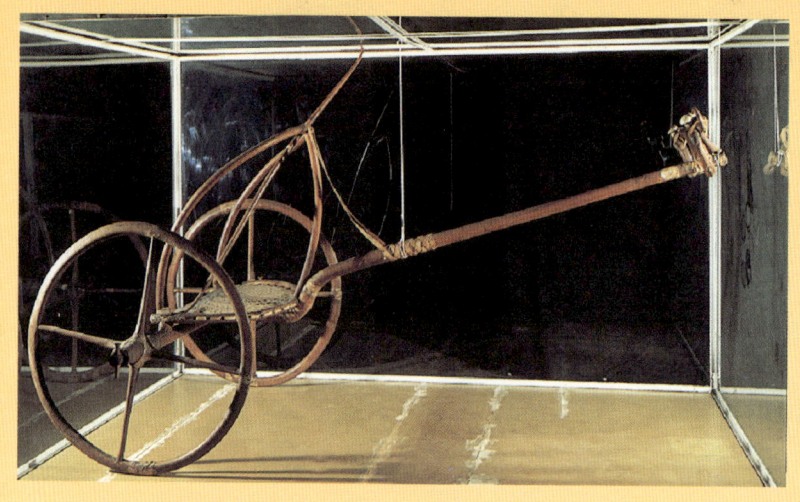

战车是军队的作战武器,在战场上发挥着各种功能:从正面或侧面攻击步兵、突破敌军防线、追赶溃逃敌兵等。战车的成功在于它是可以快速移动的平台,可使弓箭手在移动中从不同的方向射击敌人。众多的战车还可以合为一体,形成不可抗拒的力量,向敌人步兵发出摧枯拉朽的进攻。

难以抵挡

战车适合在一马平川的土地上奔腾,但不适合山地。在战场上,除了极特殊的地形(如沟壑或有阻挡性建筑),战车几乎所向披靡。

▲ 战场上的战车

　　公元前1274年卡迭石战役期间,拉美西斯二世的军队人数只是赫梯军队的一半。战斗惨烈,场面壮观。尽管埃及人动用了战车,但作战效果远远不及公元前18世纪亚述人(Assyrians)运用战车的结果辉煌

战车的建造

造战车要用质量好、轻但柔韧度高的木材,还要用到皮、铜、象牙、丝织品等,有时还会用上宝石和金属。

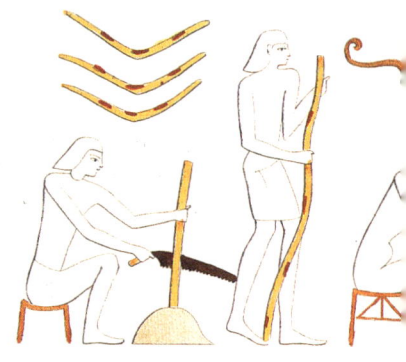

制造战车的都是一些手艺人,他们把战车的各个部位组合成战车——底盘、侧板、轭(车辕固定在马上),还有一个连接底盘和轭的牵引杆

马具工人制造各种马具:轭、马鞍、马眼罩、马嚼子和缰绳。马具要结实、抗压,但也要轻便和易于操作

底盘包括平板和护栏,埃及战车没有装甲

第二过渡时期(公元前1650—前1550)最早出现在埃及的标准式样的轮子是有辐条的

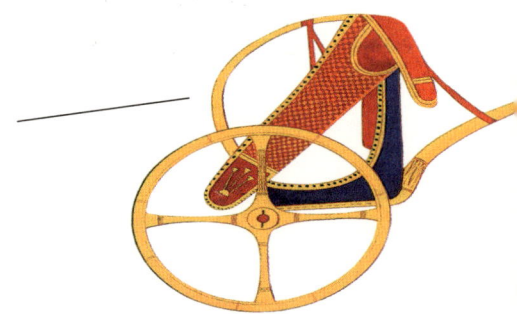

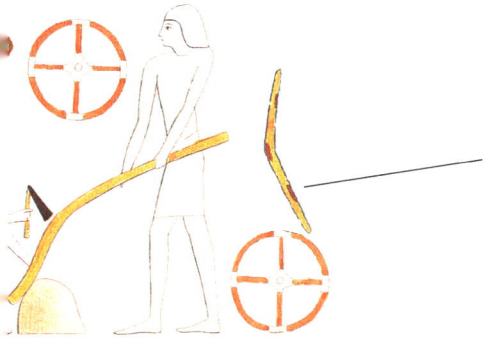

制造战车的人所用工具与木匠和金属制造工所用工具毫无二致,包括斧、锯、刨、锛、锤、铁砧和凿子

专业工匠负责战车的装饰。马夫、马具工、制箭工人等二流手艺人制作马具或武器

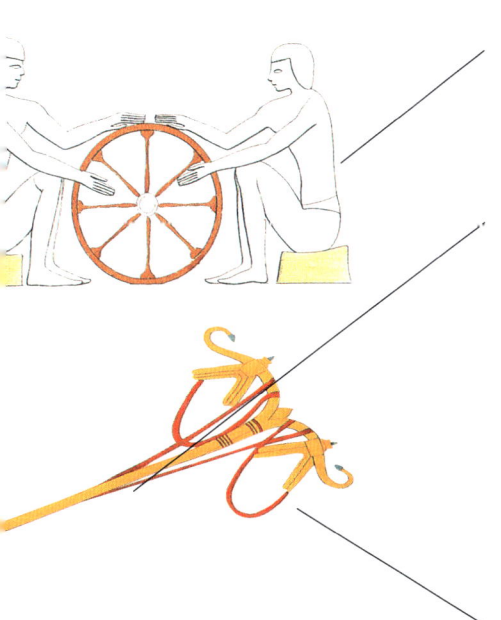

车轮分别有4根、6根或8根辐条,皮"轮胎"里是轻的、混合的变轮辋。制造战车、技术精湛的手艺人大多也是专门制造轮子的人

辀连接底盘和拉车的部位——马辀

◀ **埃及战车**

尽管埃及战车保持了某些亚述战车的特征,比如有辐条的轮子,但埃及版战车是由两匹马拉车,上面只有驾车人和持弓士兵两人,而赫梯战车上却有3人。这是伊波利托·罗塞里尼模仿底比斯古墓中的战车作的画

双辄套在马脖子上,只要驱动双辄,马就会向前飞奔

◀ **法老儿子们的战车**

拉美西斯二世儿子们的战车装饰华丽，他们梳着与父亲同样的侧边长辫。年轻的王子们身旁有专门为其拿盾的人，这一特点是赫梯人和亚述人所没有的

历史上很少有战车对阵战。有史料记载的战车之战，是公元前1468年在巴勒斯坦北部的梅吉杜（Meggido），国王图特摩斯三世和由卡迭石（Qadesh）王子领导的联军间的战役。

战车分为两种，一种是国王和将军用来在战斗中指挥或转移用的，一种是军队中士兵作战所乘战车。

驾驶战车必须要兼具力量和技巧。在部队训练或在沙漠中打猎时，也同样需要力量和技巧。

附：古埃及历史年表*

（含部分法老在位时间）

前王朝时期：公元前5500年—公元前3100年

内加达文化第一阶段（又称阿姆拉时期）：公元前4000年—公元前3500年

内加达文化第二阶段（又称格尔塞时期）：公元前3500年—公元前3100年

早期王朝时期：公元前3100年—公元前2686年

第一王朝：公元前3100年—公元前2890年

第二王朝：公元前2890年—公元前2686年

古王朝时期：公元前2686年—公元前2181年

第三王朝：公元前2686年—公元前2613年

  萨那赫特：公元前2687年—公元前2667年在位

  乔赛尔：公元前2667年—公元前2648年在位

第四王朝：公元前2613年—公元前2494年

  斯尼夫鲁：公元前2613年—公元前2589年在位

  胡夫：公元前2589年—公元前2566年在位

  迪耶迪夫拉：公元前2566年—公元前2558年在位

  哈夫拉：公元前2558年—公元前2532年在位

  门卡拉：公元前2532年—公元前2503年在位

  谢普塞斯卡弗：公元前2503年—公元前2498年在位

第五王朝：公元前2494年—公元前2345年

第六王朝：公元前2345年—公元前2181年

---

* 古埃及历史悠久，年代划分尚无定论，本表为一家之说，谨供读者参考。——编者注

特提：公元前2345年—公元前2323年在位

佩皮一世：公元前2321年—公元前2287年在位

第一过渡时期：公元前2181年—公元前2055年

第七和第八王朝：约公元前2181年—公元前2160年

第九和第十王朝：约公元前2160年—公元前2055年

中古时期：公元前2055年—公元前1650年

第十一王朝：公元前2055年—公元前1991年

曼图霍特普二世：公元前2055年—2004年在位

第十二王朝：公元前1985年—公元前1795年

辛努塞尔特一世：公元前1965年—公元前1920年在位

辛努塞尔特二世：公元前1880年—公元前1874年在位

第十三王朝：公元前1795年—公元前1650年

第十四王朝：公元前1750年—公元前1650年

第二过渡时期：公元前1650年—公元前1550年

第十五至十七王朝：约公元前1650年—公元前1550年

新王朝时期：公元前1550年—公元前1069年

第十八王朝：公元前1550年—公元前1295年

图特摩斯一世：公元前1504年—公元前1492年在位

图特摩斯三世：公元前1479年—公元前1425年在位

哈塞普苏女王：公元前1473年—公元前1458年在位

阿蒙霍特普二世：公元前1427年—公元前1400年在位

阿蒙霍特普四世（阿肯纳顿）：公元前1352年—公元前1336年在位

图坦卡蒙：公元前1336年—公元前1327年在位

霍伦海布：公元前1323年—公元前1295年在位

第十九王朝：公元前1295年—公元前1186年

塞提一世：公元前1294年—公元前1279年在位

拉美西斯二世：公元前1279年—公元前1213年在位
　第二十王朝：公元前1186年—公元前1069年
　　拉美西斯三世：公元前1184年—公元前1153年在位
　　拉美西斯六世：公元前1143年—公元前1136年在位
　　拉美西斯九世：公元前1126年—公元前1108年在位
　　拉美西斯十世：公元前1108年—公元前1099年在位
　　拉美西斯十一世：公元前1099年—公元前1069年在位

第三过渡时期：公元前1069年—公元前747年

　第二十一王朝：公元前1069年—公元前945年
　　苏森尼斯一世：公元前1039年—公元前991年在位
　　苏森尼斯二世：公元前959年—公元前945年在位
　第二十二王朝：公元前945年—公元前715年
　　舍松契一世：公元前945年—公元前924年在位
　　奥索孔一世：公元前924年—公元前889年在位
　第二十三王朝：约公元前818年—公元前715年
　　帕迪巴斯特：公元前818年—公元前793年在位
　第二十四王朝：约公元前727年—公元前715年

古埃及末期：公元前747年—公元前332年

　第二十五王朝：公元前747年—公元前656年
　第二十六王朝：公元前664年—公元前525年
　第二十七王朝：公元前525年—公元前404年
　第二十八王朝：公元前404年—公元前399年
　第二十九王朝：公元前399年—公元前380年
　第三十王朝：公元前380年—公元前343年
　第三十一王朝：公元前343年—公元前332年

古希腊—罗马时期：公元前332年—公元395年

　托勒密王朝时期：公元前332年—公元前30年

托勒密一世：公元前305年—公元前285年在位
托勒密五世：公元前205年—公元前180年在位
托勒密七世：公元前80年—公元前51年在位
罗马时代：公元前30年—公元395年